España y sus Comunidades autónomas

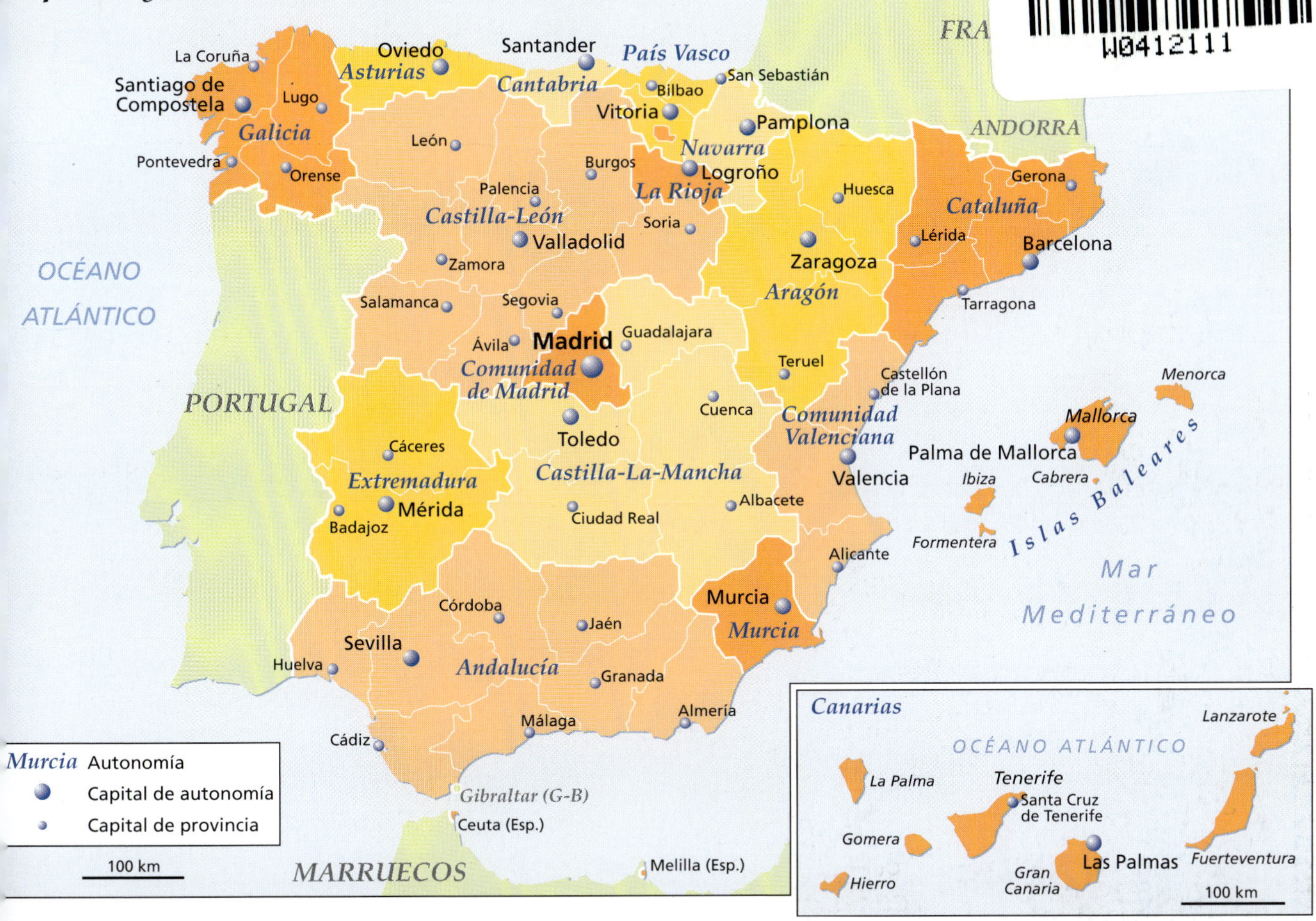

Países de habla hispana

PUERTA DEL SOL

espagnol première année

espagnol première année

Sous la direction de Jean Cordoba
Belén Ausejo Aldazábal, profesora Montessori (Madrid)
Marie Cordoba, maître de conférences (Paris)
Aline Flecchia, IA/IPR
Rosa Meyfredi, professeur au collège Maurice Genevoix (Montrouge)

Delagrave

Édition : Nicolas Boissée
Conception graphique : Marc & Yvette
Illustrations : Jean-Sébastien Bordas
Infographies : Illustratek
Cartographie : Claire Levasseur
Iconographie : Sophie Suberbère, Nicolas Desbrières
Compogravure : STDI
Fabrication : Éric Le Prieur

ISBN : 2-206 -08716-2

Delagrave Édition – 15, rue Soufflot – 75254 Paris cedex 05
Site Internet : www.delagrave-edition.fr
E-mail : delagrave@delagrave-edition.fr

Avant-propos

***Puerta del Sol* propose un parcours d'apprentissage de la langue alliant culture et communication.**

Nous sommes convaincus que le document authentique reste pour l'élève une source de motivation irremplaçable, permettant d'entrer directement dans la réalité des pays hispanophones. Nous nous sommes tenus à cette règle : les documents présentés dans ce livre ont été produits en Espagne ou en Amérique latine : ils sont le reflet d'une culture et d'une façon de vivre.

La prise de parole de la classe ne saurait pour autant se restreindre au seul commentaire des documents. Nous avons ainsi souhaité introduire, très régulièrement et comme un élément fondamental de l'apprentissage, de nouvelles activités où pourront se déployer d'autres formes de parole. On trouvera dans chaque unité :

- **En Portada** : un bouquet de documents autour d'un fait culturel majeur ou d'un débat de société (la diversité régionale de l'Espagne, la question des uniformes scolaires, de l'alimentation, etc.) ;
- **Abre los ojos** : une double page qui donne toute son ampleur à l'approche méthodique de grandes œuvres picturales ;
- Enfin un **Taller de Teatro**, pour faire naître en classe une communication collective d'un autre type, fondée sur l'expressivité, la mémoire et l'intonation.

Toutes ces activités se présentent de façon didactisée et sont soutenues par un accompagnement pédagogique explicite proposé à la classe.
Notre vœu est en effet de donner aux élèves tous les outils nécessaires à la réussite. C'est pourquoi nous avons choisi d'organiser l'ensemble des supports à l'intérieur de séquences courtes, identiques dans leur structure, qui permettent des rebrassages efficaces et immédiats :

- deux doubles pages de documents variés pour le commentaire ;
- en alternance, les pages **En Portada**, **Abre los ojos**, ou **Taller de Teatro** ;
- une page **Bilan** et exercices ;
- la page **Actívate** : jeux de rôles, activités ludiques et de compréhension orale.

Puerta del Sol offre donc un cadre garantissant un apprentissage méthodique. Grâce à la variété des documents et à la multiplicité des approches, les professeurs seront en mesure d'opérer leurs propres choix : chacun aura la liberté de construire les parcours les mieux adaptés à la diversité des classes, des intérêts des élèves et de leurs besoins.

Les auteurs

¡Bienvenidos a Puerta del Sol!

Voici ton livre : il comporte 6 unités et 18 séquences.

Page d'ouverture d'unité

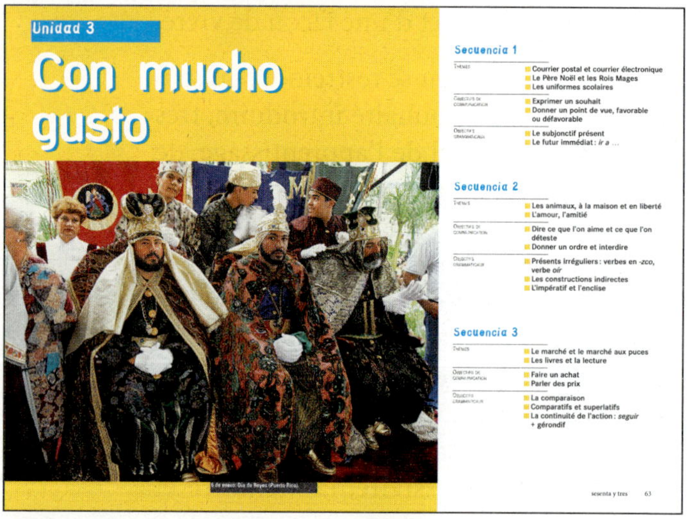

Une double page de présentation ouvre chacune des six unités. Tu y trouveras :
- une photographie qui illustre une fête traditionnelle d'Espagne ou d'Amérique latine ;
- le contenu de chaque séquence (les thèmes à découvrir et tout ce que tu sauras dire à la fin).

Chaque séquence comprend deux doubles pages de documents, une double page « découverte », une page **Bilan** et une page **Actívate**.

Pages de documents

Deux doubles pages de documents : textes, publicités, bandes dessinées, tableaux et photographies pour t'exprimer et apprendre la langue.

ABC... te donne quelques mots de vocabulaire très utiles pour parler du document. Ce sont aussi des mots de tous les jours : apprends-les !

Archívalo te donne une formule utile pour t'exprimer.

Dans *Practica*, tu peux vérifier immédiatement que tu as bien compris ton *Básico* : un petit exercice t'y aide.

Des textes.

Des notes pour comprendre les mots difficiles.

Des questions simples pour aller à l'essentiel.

Básico, ce sont les deux ou trois points importants que tu as découverts. C'est ce que tu dois retenir.

Pages « découverte »

Des doubles pages pour te plonger dans l'actualité, découvrir l'Espagne et l'Amérique latine, comprendre un tableau et faire du théâtre.

Page Bilan

Un bilan résume l'essentiel. Quelques exercices te permettent à nouveau de vérifier tes acquis.

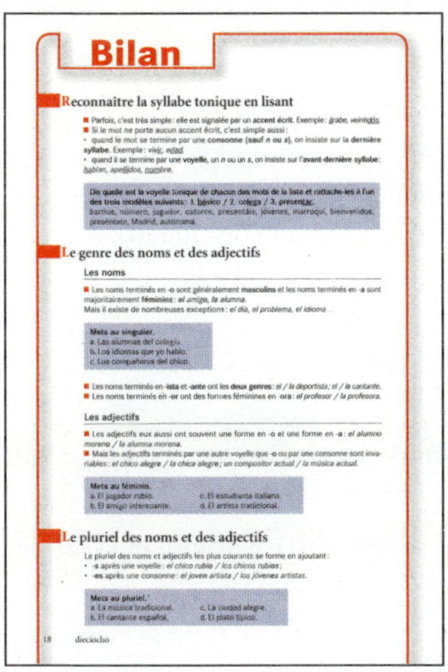

Page d'activités

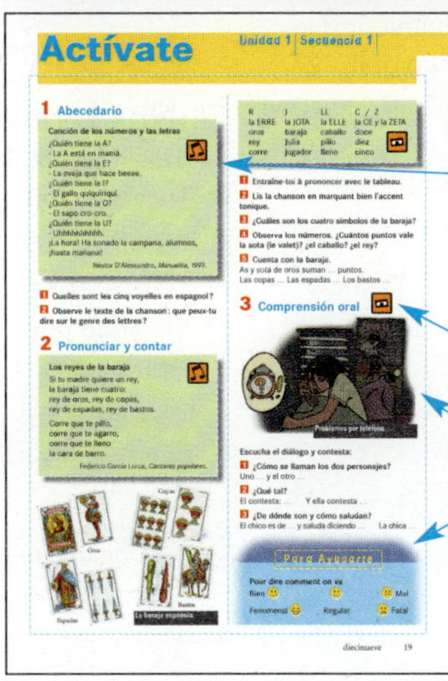

Et maintenant, ***¡Actívate!***
Des chansons, modernes et traditionnelles.
De nombreuses activités pour apprendre et réviser.
De la compréhension orale : un sketch amusant, sur une situation quotidienne.
Une illustration, pour t'aider à repérer les personnages.
Une boîte *Para ayudarte* : du vocabulaire et des expressions utiles qui te serviront si tu vas en Espagne.

¡Buen viaje, compañero!

Sommaire

Unidad 1: ¿Qué tal?

Secuencia 1

Secuencia 2

Secuencia 3

Unidad 2: Aquí y ahora

Secuencia 1

Secuencia 2

Secuencia 3

Unidad 5: Mañana será otro día

Secuencia 1

Secuencia 2

Secuencia 3

Unidad 6: Colorín colorado

Secuencia 1

Secuencia 2

Secuencia 3

Unidad 1

¿Qué tal?

Doce de octubre: Fiesta Nacional, el buque-escuela Juan Sebastián Elcano llega al puerto de Cádiz.

Secuencia 1

Thèmes

- Amis et camarades
- Pays, langues, origines
- La diversité de l'Espagne

Objectifs de communication

- Saluer
- Dire son nom, son âge, sa nationalité
- Dire les langues que l'on parle

Objectifs grammaticaux

- L'accentuation
- Le genre et le nombre
- Verbes usuels : *ser*, *tener*, *llamarse*

Secuencia 2

Thèmes

- Au restaurant
- J'invente un sandwich

Objectifs de communication

- Poser des questions et y répondre
- Marquer la politesse

Objectifs grammaticaux

- Les conjugaisons régulières au présent
- Phrase interrogative et phrase négative
- *Tú* et *usted*

Secuencia 3

Thèmes

- Les métiers
- Les lettres et les messages

Objectifs de communication

- Exprimer des sentiments
- Dire l'enthousiasme ou le refus

Objectifs grammaticaux

- Le verbe *ser* et le verbe *estar*
- Verbes irréguliers : *hacer*, *decir*, *venir*

1 | 1 ¡Buenos días!

COMPAÑEROS DE COLEGIO

Los personajes de la serie Compañeros.

1 ¿Cómo se llama la alumna?

2 Y la profesora, ¿cómo se llama?

3 ¿Cómo saludan?
La alumna saluda diciendo ...
La profesora ...
Y los compañeros ...

4 ¿De qué colegio son alumnos?

5 Ahora tú: ¡saluda y preséntate!

ABC...

el compañero, la compañera: *le (la) camarade*
un amigo, una amiga: *un (une) ami(e)*
el profesor, la profesora: *le (la) professeur*
un alumno, una alumna: *un (une) élève*
saludar: *saluer*

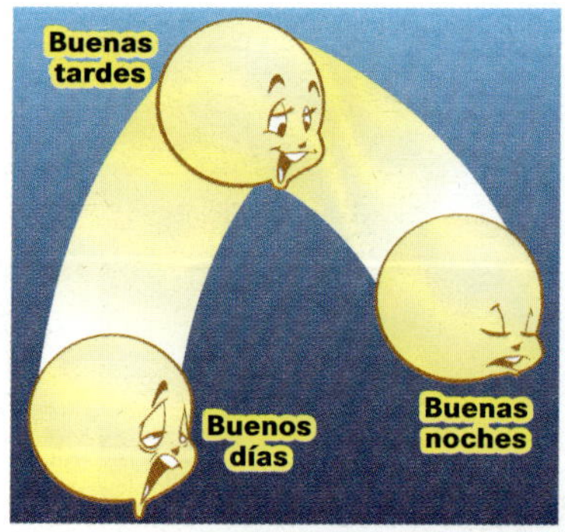

Básico

DEUX VERBES AU PRÉSENT DE L'INDICATIF

Ser	Llamar**se** (pronominal)
soy	**me** llamo
eres	**te** llamas
es	**se** llama
somos	**nos** llamamos
sois	**os** llamáis
son	**se** llaman

LES ARTICLES

• Masculin et féminin
el profesor → **la** profesora
los compañeros → **las** compañeras
un alumno → **una** alumna

• de + el = **del**
*Los alumnos **del** colegio.*

• a + el = **al**
*Te presento **al** compañero de Julia.*

NOMBRE Y APELLIDOS

Me preguntas[1] cómo se llama mi novio[2] [...]. Se llama Francisco Antolín Reyes. Unos[3] le llaman Paquito[4] y otros[5] Curro [...]. Antolín es apellido. El segundo apellido, Reyes.

Ramón J. Sender (español), *La tesis de Nancy*, 1966.

1. *tu me demandes* 2. *fiancé* 3. *certains* 4. Paquito y Curro: diminutivos de Francisco 5. *d'autres*

Publicidad para un teléfono móvil.

1. *Jamais sans tes amis*

1 Presenta al novio de la chica:
- ¿Cuál es su nombre?
- ¿Cómo le llaman unos?
- ¿Cómo le llaman otros?
- ¿Cuáles son sus apellidos?

2 Ahora tú: di tu nombre y tu apellido.

ABC...

el nombre: *le prénom*
el apellido: *le nom de famille*

Archívalo

Por favor, ¿cómo se dice...? *(s'il vous plaît, comment dit-on...?)*
¿Qué significa...? *(que veut dire...?)*

Practica

1. Écris les questions qui correspondent aux réponses.
a. Me llamo Paquito.
b. Mi nombre es Ana.
c. Mis apellidos son Martín García.
d. Somos alumnos del colegio Azcona.

2. Conjugue le verbe pronominal *presentarse*.

3. Complète et salue, en toutes lettres!
El primero saluda diciendo ...
El segundo ...
El tercero ...
El cuarto ...

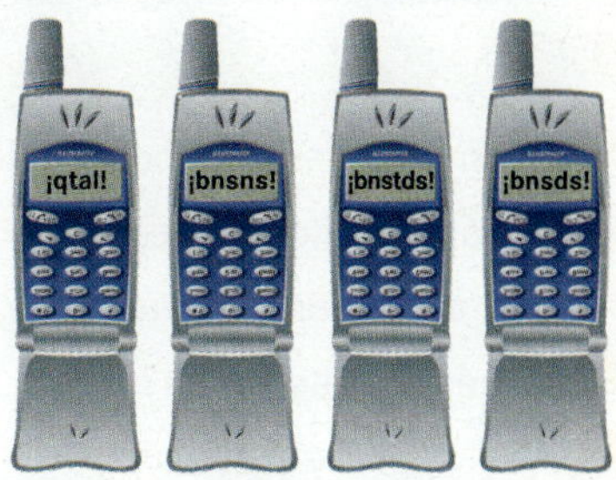

1|1 ¿De dónde eres?

COLEGAS EN MADRID

Javi y Omar: uno es madrileño; el otro marroquí.

«Pandillas multiculturales», *El País semanal*, 29/07/2001.

1 ¿Cómo se llama el colega de Omar?
2 ¿Cuántos años tiene?
3 ¿De dónde es? ¿Dónde vive?
4 ¿Qué idiomas habla?
5 Ahora, preséntate tú.

ABC...

el colega: *le copain, le « pote »*
la pandilla: *le groupe d'amis*
en clase: *en classe*
en casa: *à la maison*

hablar: *parler*
vivir en: *habiter à*
el idioma: *la langue*

Básico

Présent de l'indicatif

Hablar (régulier)	Vivir (régulier)	Tener (irrégulier)
hablo	vivo	tengo
hablas	vives	tienes
habla	vive	tiene
hablamos	vivimos	tenemos
habláis	vivís	tenéis
hablan	viven	tienen

Les possessifs

mi / tu / su } pandilla   mis / tus / sus } colegas

¿QUIÉNES SON?

Pau Gasol.

Soy de Barcelona.
Vivo en los Estados Unidos.
Soy jugador de baloncesto en la liga norteamericana (NBA).

Rosa.

Vivo en España.
Soy de Granada.
Tengo 23 años.
Soy cantante.
Soy la ganadora de Operación Triunfo.

Manu Chao.

Soy francés.
Soy de París.
Mis padres son españoles.
Soy cantante.
Canto en español, inglés, francés y árabe.

1 Rosa, Pau Gasol y Manu Chao: ¿de dónde son?

2 ¿Dónde vive Rosa? ¿Cuántos años tiene?

3 ¿Dónde vive Pau Gasol? ¿Cuál es su profesión?

4 Formula todas las preguntas posibles a Manu Chao.

Los números.

0 CERO
1 uno
2 dos
3 tres
4 cuatro
5 cinco
6 seis
7 siete
8 ocho
9 nueve

10 DIEZ
11 once
12 doce
13 trece
14 catorce
15 quince
16 dieciséis
17 diecisiete
18 dieciocho
19 diecinueve

20 VEINTE
21 veintiuno
22 veintidós
23 veintitrés
24 veinticuatro
25 veinticinco
26 veintiséis
27 veintisiete
28 veintiocho
29 veintinueve

30 TREINTA
31 treinta y uno…

Practica

1. Complète les phrases avec le possessif qui convient.
a. Vivo en Madrid: es … ciudad.
b. El chico se llama Javi: es … nombre.
c. El jugador se llama Gasol Sáez: son … apellidos.
d. Tienes treinta compañeros: son … compañeros.

2. Complète les phrases avec le bon article : *el, la, los, las.*
a. … compañeras de clase.
b. … idioma español.
c. … amigos de Javi.
d. … profesora española.

1|1 En portada
España plural

Así es España

España tiene 40 millones de habitantes y su capital es Madrid. Se compone de 17 Comunidades Autónomas y los españoles se identifican mucho con su Comunidad. Cuando se presentan, dicen con frecuencia: «soy canario», «soy andaluz», «soy vasco»…

Las Comunidades Autónomas se dividen en provincias. Por ejemplo, la Comunidad de Aragón tiene tres provincias: Zaragoza, Huesca y Teruel.

Lenguas autonómicas

El idioma oficial de España es el español, o castellano.
Existen tres lenguas regionales con carácter oficial: el vasco en el País Vasco, el gallego en Galicia y el catalán en Cataluña, Comunidad Valenciana y Baleares.

¡Bienvenidos!

Castellano	Catalán	Vasco	Gallego
padre	pare	aita	pai
madre	mare	ama	mai
bienvenido	benvingut	ongi etorri	benvido
gracias	gracies	eskerrik asko	gracias
adiós	adeu	agur	adeus

Músicas tradicionales, jóvenes autores

España tiene jóvenes artistas que componen música actual a partir del folklore tradicional.

El Niño Josele es de Almería y toca la guitarra flamenca.

Carlos Núñez es de Vigo y toca la gaita.

Pedro Guerra es de Tenerife y su música tradicional es la isa.

Platos típicos regionales

La paella valenciana.

El queso manchego.

Los churros madrileños.

La ensaimada mallorquina.

El gazpacho andaluz.

La fabada asturiana.

Así es españa

1. ¿Cuántas Comunidades Autónomas tiene España?
2. ¿Cuántas provincias tiene Andalucía?
3. Cuatro Comunidades Autónomas tienen frontera con Francia: ¿cuáles son?

Lenguas autonómicas

1. Observa la lista de palabras en las cuatro lenguas. Una de las lenguas no es latina: ¿cuál?
2. ¿Qué idioma(s) hablan? Contesta, como en el modelo: *Isidro vive en Madrid y habla castellano.*

Nombres	Origen	Idioma(s)
Isidro	*Madrid*	*Castellano*
Macarena	Sevilla	Castellano
Montserrat	Barcelona	Catalán, castellano
Margarita	La Coruña	Gallego, castellano
Bixente	Bilbao	Vasco, castellano

3. Observa la fotografía:
- ¿Cuáles son los dos idiomas de la señal?
- ¿En qué Comunidad Autónoma estamos? (tres posibilidades)

Músicas tradicionales, jóvenes autores

Escucha la música y el comentario. Completa:
- *El flamenco es …*
- *La isa es …*
- *La gaita es un instrumento …*

Platos típicos regionales

Busca las siguientes ciudades en el mapa y asocia cada una con su plato típico regional: Granada, Oviedo, Madrid, Alicante, Palma de Mallorca, Toledo.
Si eres de Granada, tu plato típico es …

Bilan

Reconnaître la syllabe tonique en lisant

■ Parfois, c'est très simple : elle est signalée par un **accent écrit**. Exemple : *árabe, veintidós.*
■ Si le mot ne porte aucun accent écrit, c'est simple aussi :
• quand le mot se termine par une **consonne (sauf *n* ou *s*)**, on insiste sur la **dernière syllabe**. Exemple : *vivir, edad.*
• quand il se termine par une **voyelle**, un ***n*** ou un ***s***, on insiste sur l'**avant-dernière syllabe** : *hablan, apellidos, nombre.*

Dis quelle est la voyelle tonique de chacun des mots de la liste et rattache-les à l'un des trois modèles suivants : 1. básico / 2. colega / 3. presentar.
barrios, número, jugador, catorce, presentáis, jóvenes, marroquí, bienvenidos, preséntate, Madrid, autónoma.

Le genre des noms et des adjectifs

Les noms

■ Les noms terminés en **-o** sont généralement **masculins** et les noms terminés en **-a** sont majoritairement **féminins** : *el amigo, la alumna.*
Mais il existe de nombreuses exceptions : *el día, el problema, el idioma...*

Mets au singulier.
a. Las alumnas del colegio.
b. Los idiomas que yo hablo.
c. Los compañeros del chico.

■ Les noms terminés en **-ista** et **-ante** ont les **deux genres** : *el / la deportista; el / la cantante.*
■ Les noms terminés en **-or** ont des formes féminines en **-ora** : *el profesor / la profesora.*

Les adjectifs

■ Les adjectifs eux aussi ont souvent une forme en **-o** et une forme en **-a** : *el alumno moreno / la alumna morena.*
■ Mais les adjectifs terminés par une autre voyelle que **-o** ou par une consonne sont invariables : *el chico alegre / la chica alegre ; un compositor actual / la música actual.*

Mets au féminin.
a. El jugador rubio.
b. El amigo interesante.
c. El estudiante italiano.
d. El artista tradicional.

Le pluriel des noms et des adjectifs

Le pluriel des noms et adjectifs les plus courants se forme en ajoutant :
• **-s** après une voyelle : *el chico rubio / los chicos rubios ;*
• **-es** après une consonne : *el joven artista / los jóvenes artistas.*

Mets au pluriel.
a. La música tradicional.
b. El cantante español.
c. La ciudad alegre.
d. El plato típico.

1 Abecedario

Canción de los números y las letras

¿Quién tiene la A?
- La A está en mamá.
¿Quién tiene la E?
- La oveja que hace beeee.
¿Quién tiene la I?
- El gallo quiquiriquí.
¿Quién tiene la O?
- El sapo cro-cro.
¿Quién tiene la U?
- Uhhhhhhhhhh.
¡La hora! Ha sonado la campana, alumnos,
¡hasta mañana!

Néstor D'Alessandro, *Manuelita*, 1999.

1 Quelles sont les cinq voyelles en espagnol ?

2 Observe le texte de la chanson : que peux-tu dire sur le genre des lettres ?

2 Pronunciar y contar

Los reyes de la baraja

Si tu madre quiere un rey,
la baraja tiene cuatro:
rey de oros, rey de copas,
rey de espadas, rey de bastos.

Corre que te pillo,
corre que te agarro,
corre que te lleno
la cara de barro.

Federico García Lorca, *Cantares populares*.

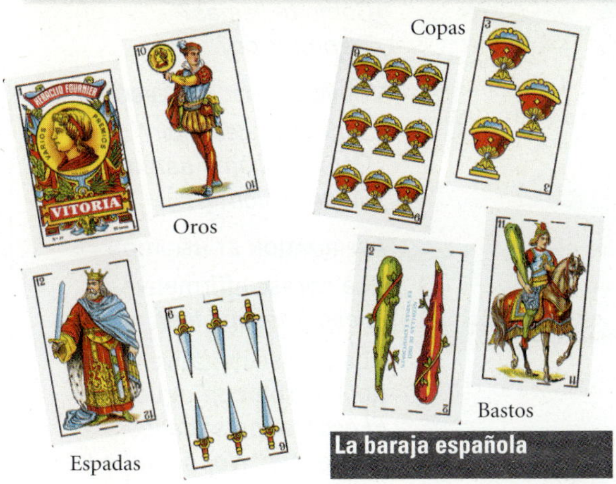

La baraja española

R	J	LL	C / Z
la ERRE	la JOTA	la ELLE	la CE y la ZETA
oros	baraja	caballo	doce
rey	Julia	pillo	diez
corre	jugador	lleno	cinco

1 Entraîne-toi à prononcer avec le tableau.

2 Lis la chanson en marquant bien l'accent tonique.

3 ¿Cuáles son los cuatro símbolos de la baraja?

4 Observa los números. ¿Cuántos puntos vale la sota (le valet)? ¿el caballo? ¿el rey?

5 Cuenta con la baraja.
As y sota de oros suman … puntos.
Las copas … Las espadas … Los bastos …

3 Comprensión oral

Problemas por teléfono…

Escucha el diálogo y contesta:

1 ¿Cómo se llaman los dos personajes?
Uno … y el otro …

2 ¿Qué tal?
El contesta: … Y ella contesta …

3 ¿De dónde son y cómo saludan?
El chico es de … y saluda diciendo … La chica …

Para Ayudarte

Pour dire comment on va

Bien | Regular | Mal
Fenomenal | Regular | Fatal

1|2 ¿Cómo se llama usted?

PROFESIÓN: ESCRITOR

Un escribano y su cliente (México).

España, 1910: en una comisaría, un policía interroga a un escritor.

- ¿Cómo se llama usted?
- Don Ramón María del Valle Inclán y Montenegro. […]
- ¿Su profesión?
- Escritor[1]. […]
- ¿Sabe leer y escribir?
- No.
- Me extraña la respuesta[2]. […]
- Más me extraña a mí la pregunta.

Ramón Gómez de la Serna (español),
Retratos contemporáneos escogidos, 1968.

1. *écrivain* **2.** *la réponse m'étonne*

1 ¿Dónde se desarrolla la escena?

2 Presenta a los personajes. Di su nombre y su profesión.
Se trata de un diálogo entre …

3 ¿Te extrañan las respuestas de Don Ramón?

4 Observa la fotografía: ¿cuál es la profesión del hombre?

ABC…

contestar: *répondre*
preguntar: *demander*

la pregunta: *la question*
la respuesta: *la réponse*

el jefe: *le patron, le chef*
el empleado: *l'employé*
el cliente: *le client*

Archívalo

Sin embargo *(cependant…)*
Es escritor y **sin embargo** dice que no sabe escribir.

Básico

UN VERBE IRRÉGULIER

Saber
sé
sabes
sabe
sabemos
sabéis
saben

TUTOIEMENT : 2e PERSONNE

*¿Sab**es** leer y escribir?*
*¿Cómo **te** llam**as**?*
*¿**Tu** profesión?*

VOUVOIEMENT : 3e PERSONNE

*¿Sab**e** leer y escribir?*
*¿Cómo **se** llam**a** **usted**?*
*¿**Su** profesión?*

AFFIRMATION ET NÉGATION

• La phrase affirmative
El escritor sabe leer.

• La phrase négative :
no + verbe conjugué
*El escritor **no sabe** leer.*
*¿Sabe leer? **No, no sabe** leer.*

OFICINA DE INFORMACIÓN

Quino (argentino), *Gente en su sitio*, 1978.

1 Explica la situación: ¿te extraña el diálogo?

2 Dos preguntas no tienen respuestas: ¿cuáles?

3 Inventa las respuestas necesarias y ordena los globos.

Practica

1. Forme des phrases complètes.
- ¿Cómo se llama usted?
- … don R. M. del Valle Inclán.
- ¿ … su profesión?
- … escritor.
- ¿Sabe leer?
- No, … .

2. Rédige ces questions en vouvoyant.
a. ¿Cuál es tu fecha de nacimiento?
b. ¿Estudias chino en clase?
c. ¿Te presentas a la elección de delegado?

3. Mets à la forme négative.
a. El escritor se llama Luis María.
b. El empleado sabe contestar.

1|2 Por favor, señor

¡NO HAY!

Mique Beltrán (español), *Marco Antonio contra todos*, 1997.

La escena transcurre en un restaurante popular mexicano.

- ¿Tiene jamón[1]?
- No hay.
- ¿Tiene huevos[2]?
- No hay.
- ¿Tiene pepinos[3]?
- No hay.
- ¿Tiene queso[4]?
- No hay.
- «Edward, let me do it», interviene Tina.
- Señor, ¿no tiene tortillas, por favor?
- Sí.
- ¿Nos podría picar[5] una cebollita, un poco de cilantro y tomate, si tiene?
- Sí.
- ¡Ay, qué bien! Muchas gracias, señor.

Elena Poniatowska (mexicana), *Tinísima*, 1992.

1. *du jambon* **2.** *des œufs* **3.** *des concombres* **4.** *du fromage* **5.** *pourriez-vous nous hacher*

1 **¿Cuántos personajes hay en la escena? Di quiénes son.**

2 **¿Quién habla primero?**

3 **Distingue los dos momentos del diálogo.**
Cuando habla Edward, el camarero ...
Sin embargo, cuando interviene Tina, ...

4 **Tina es una persona educada. Muéstralo. ¿Y Edward?**

ABC...

la comida: *le repas*
comer: *manger*
el camarero: *le serveur*

por favor, señor: *s'il vous plaît, Monsieur*
educado(a): *poli(e)*
tratar de usted: *vouvoyer*
tutear: *tutoyer*

Archívalo

Mientras que *(alors que...)*
Tina habla con educación **mientras que** Edward es muy directo.

Básico

UN VERBE RÉGULIER

Comer
como
comes
come
comemos
coméis
comen

EXPRIMER DES QUANTITÉS

• Quantité définie
*Quiero **seis** huevos y **tres** tortillas.*

• Quantité indéfinie
Quiero huevos y tortillas.

TENGO HAMBRE

HUERTA	CASTELLANO	CAMPOMAR	CAMPING

HUERTA	CASTELLANO	CAMPOMAR	CAMPING
Dos espárragos, varias rodajas de tomate, lechuga, mayonesa… y añádele Tulipán.	Jamón serrano, varias rodajas de tomate, lechuga, mayonesa… y añádele Tulipán.	Queso manchego, filetes de anchoas (o pasta de anchoas), rodajas de pepino… y añádele Tulipán.	Una salchicha untada con mostaza, rodajas de huevo duro, lechuga… y añádele Tulipán.

1 **Elige un bocadillo y lee su composición.**
El Campomar lleva …

2 **Fabrica un bocadillo (indica las cantidades). Dale un nombre.**

Cantidades	Masculino	Femenino
Un, una, dos, tres … Un poco de … Mucho(a) …	beicon, huevo, jamón de york, jamón serrano, espárrago, pepino, queso, tomate…	anchoa, cebolla, lechuga, mayonesa, mostaza, mortadela, salchicha, mantequilla…

Ejemplo: «Mi bocadillo ideal lleva dos lonchas de beicon, un poco de lechuga, un huevo duro y mucha mayonesa. ¡Se llama el Bomba!»

ABC…

el bocadillo: *le sandwich*
la rodaja: *la tranche (de tomate, de saucisson, de concombre)*
la loncha: *la tranche (de jambon, de bacon, de mortadelle)*
la hoja de lechuga: *la feuille de laitue*
la salchicha: *la saucisse*
la mostaza: *la moutarde*
la mantequilla: *le beurre*

Practica

1. Mets ces phrases à la première personne du singulier.
Se llama Tina Modotti y es una fotógrafa italiana. Come con su amigo Edward en un restaurante popular mexicano.

2. Rédige deux phrases personnelles contenant *mientras que*.

3. Traduis les 4 premières lignes du texte.

4. Copie le texte à partir de la ligne 10, en soulignant la voyelle tonique.

Abre los ojos

Retratos de un príncipe

1. El joven príncipe con sus compañeros de clase.

2. El príncipe Felipe pronuncia su primer discurso oficial en Oviedo.

El futuro rey

Don Felipe de Borbón y Grecia nació el 30 de enero de 1968. Es el heredero de la Corona de España, el futuro rey Felipe VI. Cada año, en Oviedo, el Príncipe entrega unos prestigiosos premios que llevan su título: el Premio Príncipe de Asturias. Este «Premio Nobel español» tiene varias categorías: deportes, artes, letras…

3. Su habitación en el Colegio Lakefield en Canadá.

4. Un gran aficionado al esquí.

5. Un momento de tranquilidad en el mar.

Una familia de deportistas

Don Felipe tiene dos hermanas mayores que él: la Infanta doña Elena y la Infanta doña Cristina. Los tres hermanos son grandes deportistas: él practica la vela y el esquí y ellas la equitación y la vela.

7. El futuro rey de España.

8. El padre y el hijo: dos buenos amigos.

El príncipe habla de su padre, el Rey Juan Carlos

«Yo tengo mucha suerte: mi padre es el Rey, pero también es mi amigo. Con él puedo hablar de todo, contarle mis cosas, preguntarle esto y lo otro, pedirle consejo [...] Pasamos juntos muchos buenos ratos, en la nieve, en el mar [...] ¡Es mi amigo!»

Rafael Martínez Durbán, *A la sombra del Rey*, 1990.

6. La delegación española en los Juegos Olímpicos de Barcelona, 1992.

1 Contesta.
- ¿Quién es el rey de España?
- ¿Cómo se llama su hijo?
- ¿Cuántos años tiene?
- ¿Cuál es su título?

2 Busca las respuestas en el reportaje.
- ¿Cómo se llaman las hermanas del príncipe?
- ¿Qué deportes practica don Felipe?

3 A partir del reportaje, redacta un breve retrato de Felipe.

4 Observa las fotografías.
Lee las siguientes leyendas. Asocia cada leyenda con su imagen.
Yo asocio la leyenda ... con la fotografía número ... .
a. El «primer deportista» de España.
b. En la nieve.
c. Felipe en clase.
d. El rey y el heredero.
e. Un rey para el siglo XXI.
f. Aprendiendo a ser rey.
g. Príncipe y estudiante.
h. ¿Quién escribe a Felipe?

Bilan

Le présent de l'indicatif : les trois modèles réguliers

Verbes en	AR	ER	IR
Modèle	Habl**ar**	Com**er**	Viv**ir**
(yo) (tú) (él, ella, usted) (nosotros/as) (vosotros/as) (ellos, ellas, ustedes)	habl**o** habl**as** habl**a** habl**amos** habl**áis** habl**an**	com**o** com**es** com**e** com**emos** com**éis** com**en**	viv**o** viv**es** viv**e** viv**imos** viv**ís** viv**en**

Les pronoms personnels sujets sont employés pour marquer une insistance.

- *Hablo español.* Je parle espagnol.
- *Yo hablo español.* Moi, je parle espagnol.

Conjugue les verbes, en exprimant les pronoms personnels.

a. comer bocatas (1re personne du masculin pluriel)
b. tener trece años (2e personne du singulier)
c. vivir en Madrid (3e personne du féminin pluriel)
d. hablar francés (1re personne du singulier)
e. ser españolas (2e personne du féminin pluriel)
f. llamarse don Ramón (vouvoiement au singulier)

Marquer la politesse en espagnol

■ Pour marquer la politesse, le français emploie la deuxième personne du pluriel : « Comment allez-vous, Monsieur ? ».

L'espagnol se sert de la troisième personne, pour le verbe, le pronom personnel, les possessifs.

Cela peut sembler étrange, mais pensons à la façon de s'adresser à un roi en français. On ne lui dit pas « Voulez-vous que je vous apporte votre café ? » On lui dit « Votre Majesté veut-elle que je lui apporte son café ? »

C'est bien ce que fait l'espagnol, mais à la place de « Votre Majesté » il utilise un pronom personnel particulier, **usted**, qui est la contraction d'une vieille formule : **Vuestra Merced** (Votre Grâce).

Attention : **usted** s'écrit aussi parfois **Ud.** ou **Vd.** en abrégé.

Tutoiement = 2e personne	Vouvoiement = 3e personne
¿Cómo est**ás**, amigo? ¿Cómo **te** llam**as**, colega? ¿Cuál es **tu** número de teléfono?	¿Cómo est**á** **usted**, señora? ¿Cómo **se** llam**a** **usted**, señor? ¿Cuál es **su** número de teléfono?

■ On peut bien sûr aussi marquer le tutoiement et le vouvoiement au pluriel, de la même manière :

- *¿Cómo estáis?* 2e personne du pluriel : tutoiement collectif.
- *¿Cómo están ustedes?* 3e personne du pluriel : vouvoiement collectif.

Dans les phrases suivantes, dis si l'on tutoie ou si l'on vouvoie.

a. ¿Dónde vivís?
b. ¿Es usted el camarero?
c. ¿Me dices tu fecha de nacimiento?
d. ¿Tiene queso?

Actívate

1 ¿De tú o de usted?

Quino (argentino), *10 años con Mafalda*, 1983.

pagar: *payer;* los impuestos: *les impôts*

Observa: el hombre trata a Mafalda de tú: «¿Y <u>vas</u> a la escuela?»
Mafalda le trata de usted: «Sí, claro. Y <u>usted</u>, ¿pag<u>a</u> todos <u>sus</u> impuestos?»

Completa y conjuga:

Hombre: ¿Y (saber) hablar francés?
Mafalda: Sí, claro. ¿Y … (saber) tocar la guitarra?
Hombre: ¿Y (tener) muchos amigos?
Mafalda: Sí, claro. ¿Y … (ser) soltero o casado?
Hombre: ¿Y (vivir) en Buenos Aires?
Mafalda: Sí, claro. ¿Y … (vivir) en casa de … padres?
Hombre: ¿Y (hacer) todas … tareas en la escuela?
Mafalda: Sí, claro. ¿Y … (trabajar) todos los días?

2 Para pronunciar

Las tres hojas

Debajo de la hoja
de la verbena,
tengo a mi amante malo:
¡Jesús, qué pena!

Debajo de la hoja
de la lechuga,
tengo a mi amante malo
con calentura.

Debajo de la hoja
del perejil,
tengo a mi amante malo
y no puedo ir.

Federico García Lorca, *Cantares populares*.

La ERRE
la hora
verbena
calentura

La JOTA
la hoja
Jesús
perejil

3 Comprensión oral

¡Buen provecho!

Escucha el diálogo y contesta:

1 ¿Qué ingredientes llevan los dos bocadillos?
El primer bocadillo …
El segundo …

2 ¿Cómo saludan los chicos?
El chico saluda diciendo …
La chica saluda diciendo …

3 ¿Quién tutea y quién trata de usted? Muéstralo con ejemplos.

4 ¿Quién utiliza fórmulas muy educadas? ¿Cuáles son?

5 ¿Qué dicen el chico y la chica al final?

Para Ayudarte

Pour remercier
Gracias
Muchas gracias
Muchísimas gracias

Formules de courtoisie
Quisiera…
Por favor…

EL COLOR DE LOS SENTIMIENTOS

Pablo Picasso (español), *Mujer leyendo*, 1935.

Le mando[1] cartas escritas en diferentes colores de papel, según mi estado de ánimo. A veces[2], cuando estoy más alegre, en color rosado; cuando estoy celosa, en color amarillo; cuando estoy triste, en un color violeta precioso, un violeta tan precioso[3] que a veces deseo[4] estar triste [...]. Mis mensajeros[5] son los niños del barrio, que me quieren mucho.

Según Silvina Ocampo (argentina), *La furia y otros cuentos*, 1982.

1. *je lui envoie* **2.** *parfois* **3.** *si joli* **4.** *je désire* **5.** *messagers*

1 Explica cómo expresa sus sentimientos la protagonista.
Cuando está alegre, ...

2 A veces, la narradora desea estar triste. ¿Por qué?

3 Modifica y lee el texto introduciendo tus propios colores (hasta «estar triste»).

4 Apréndete de memoria tu versión de *El color de los sentimientos*.

Los colores.

ABC...

el estado de ánimo: *l'état d'âme*
la alegría: *la joie* (estar alegre)
los celos: *la jalousie* (estar celoso)
la tristeza: *la tristesse* (estar triste)

Básico

LE VERBE *ESTAR*

Estar
estoy
estás
está
estamos
estáis
están

LA CAUSE

• **¿Por qué?** (pourquoi ?) / **Porque** (parce que)
*¿**Por qué** escribe en papeles de color?*
*Escribe en papeles de color **porque** es sentimental.*

EMOCIONES POR INTERNET

Pancho y El Tuercas charlan…

- ¡ : | ! – me respondió El Tuercas[1] a toda velocidad tecleando estos signos en su ordenador, y luego añadió[2]:
- : - D

Se pone imposible El Tuercas[3] cuando está delante de un ordenador; no habla con nadie, sólo se comunica a través de la pantalla y para hacerlo utiliza emoticones, esos monigotes[4] que usan los internautas cuando charlan con sus colegas de Australia o de Burundi.

Carmen Posadas (uruguaya), *Dorilda*, 2000.

1. *surnom* (la tuerca: *le boulon*) 2. *et ensuite il ajouta* 3. El Tuercas *est insupportable* 4. *bonshommes*

Los emoticones.

1 Explica qué son los «emoticones».

2 ¿Por qué los utiliza El Tuercas?

3 Y tú, ¿eres internauta? ¿Te comunicas con colegas de otros países?

4 Asocia cada emoticón con su definición (utiliza *ser* o *estar*).
Número 2: significa que el que escribe es …
Número 6: significa que el que escribe está …

ABC…

charlar: *bavarder*
teclear: *pianoter*
la pantalla: *l'écran*
el ordenador: *l'ordinateur*

Practica

1. Associe chaque phrase avec un état d'âme: *sorprendido / triste / furioso / alegre*.

a. El ordenador no funciona: el Tuercas está …
b. La chica escribe en papel rosa: …
c. Pancho no comprende los emoticones de su amigo: …
d. Silvina no tiene colegas: …

2. *Por qué* ou *porque*?

– ¿ … estás triste?
– … no me quiere.
– ¿Y … no te quiere?
– No sé … .

1 | 3 ¡Es formidable!

QUIERO EL PUESTO

Pablo Neruda en Isla Negra.

Chile, años 60: los carteros ganan muy poco y completan su sueldo con las propinas de los clientes. Mario Jiménez se presenta para un puesto: lo recibe el jefe.

- ¿Tiene bicicleta?
- Sí.
- Bueno – dijo el oficinista, limpiándose los lentes[1] –, se trata de un puesto de cartero para Isla Negra.
- Qué casualidad[2] – dijo Mario –. Yo vivo al lado[3], en la caleta.
- Eso está muy bien. Pero lo que está mal es que hay un solo cliente.
- ¿Uno nada más[4]?
- Sí, pues. En la caleta todos son analfabetos. No pueden leer ni las cuentas.
- ¿Y quién es el cliente?
- Pablo Neruda[5].

Mario Jiménez tragó lo que le pareció[6] un litro de saliva.

- ¡Pero eso es formidable!
- ¿Formidable? Recibe[7] kilos de correspondencia diariamente…

Antonio Skármeta (chileno), *El cartero de Neruda (Ardiente paciencia)*, 1986.

1. *dit l'employé, en essuyant ses lunettes* **2.** *quel hasard* **3.** *à côté* **4.** *seulement* **5.** Poeta chileno, Premio Nobel de literatura **6.** *avala ce qui lui sembla être* **7.** *il reçoit*

1 **Presenta a los personajes de la escena (nombre, profesión…).**

2 **¿Cuántos clientes tiene Mario en Isla Negra?**

3 **¿Por qué recibe muchas cartas Pablo Neruda?**

4 **¿Qué te parece el trabajo de Mario?**
Por una parte, está mal porque …
Pero por otra parte, está bien porque …

5 **Mira en un mapa y sitúa: ¿qué países tienen frontera con Chile?**

ABC…

ganar: *gagner, toucher*
trabajar: *travailler*
la propina: *le pourboire*
el sueldo: *le salaire*
el trabajo: *le travail*
el puesto: *la place*
el cartero: *le facteur*

Archívalo

Por eso (*« c'est pourquoi… »*)
Mario admira a Pablo Neruda, **por eso** quiere el puesto.

Básico

UN VERBE IRRÉGULIER EN *-GO*

Venir
ven**go**
vienes
viene
venimos
venís
vienen

LES QUANTIFICATIFS

- **Muy** + adverbe ou adjectif
*Eso está **muy bien**.*
*Mario está **muy contento**.*
- **Mucho(s) / mucha(s)** + nom
*Recibe **mucha correspondencia**.*
*Mario no tiene **mucho trabajo**.*
*No hay **muchos clientes**.*
*Neruda escribe **muchas cartas**.*

MARIO JIMÉNEZ TIENE EL PUESTO

Michael Radford, *El cartero* (storyboard), 1996.

1 **Explica la situación, viñeta por viñeta.**

2 **Define el estado de ánimo de Mario.**
En la primera viñeta, Mario …
En la última, sin embargo, …

3 **Comenta la actitud de cada personaje.**
Para Mario es una situación emocionante porque …
En cambio, para Neruda …

Practica

1. Coordonne les phrases avec *por eso* ou *sin embargo*.
a. No hay muchas propinas, … Mario quiere el puesto.
b. Pablo Neruda es un gran escritor, … recibe kilos de cartas.

2. Modifie, en introduisant *muy*, *mucho(s)* ou *mucha(s)*.
a. Mario está **decepcionado**.
b. No tiene **clientes**.
c. Los carteros reciben **propinas**.
d. Los sueldos son **bajos**.

Taller de teatro

El Diablo Cojuelo (I)

Madrid, 1641: un estudiante, perseguido por la policía, entra por una chimenea y …

Adaptado de Luis Vélez de Guevara, siglo XVII.

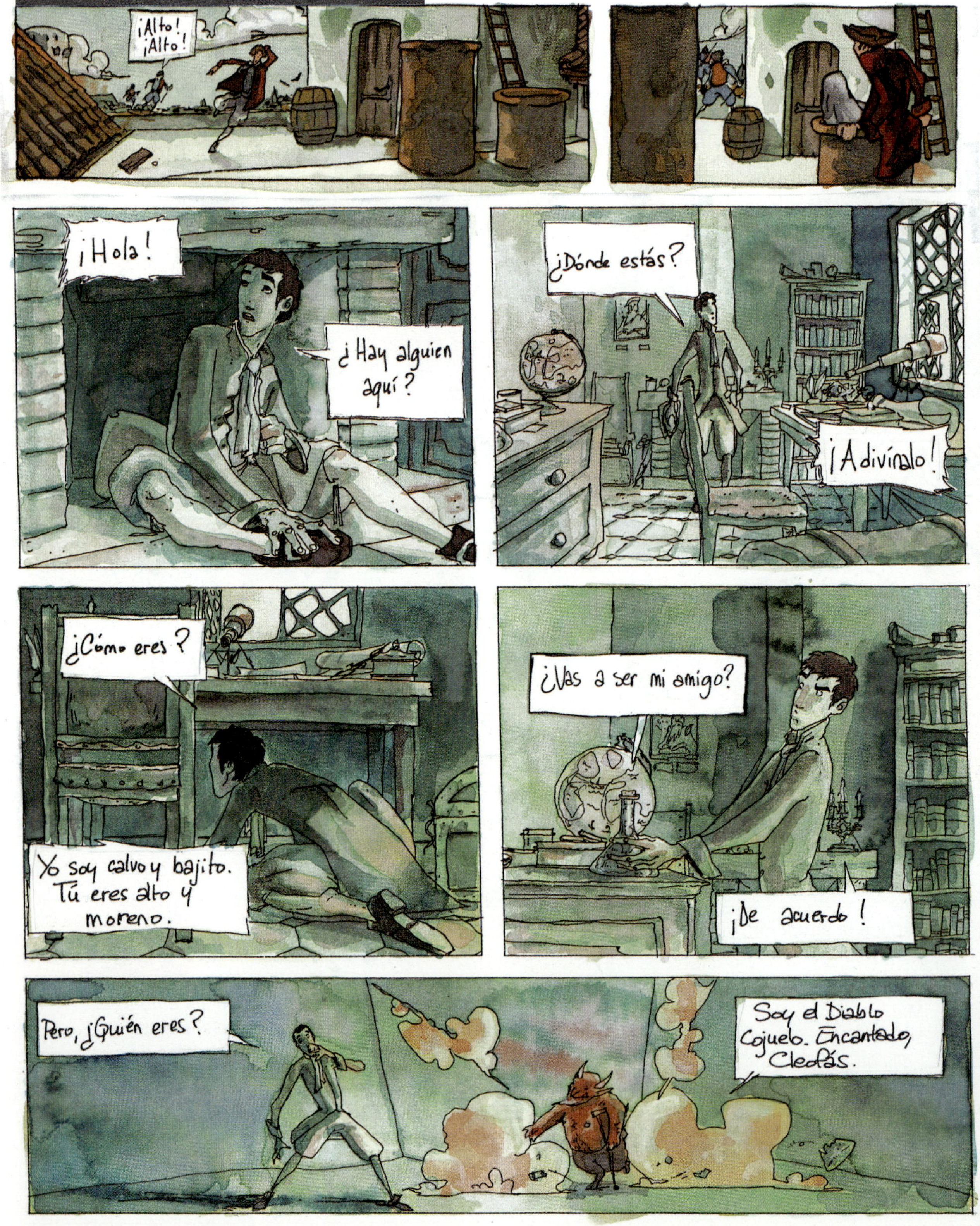

Primeros pasos

1. Observa las viñetas y lee los globos con un compañero o una compañera.
2. Escucha bien la grabación (las voces, la ambientación, los diálogos).
- ¿Quiénes son los personajes?
- ¿Cuántos años tienen?
- ¿Cómo son? Descríbelos.
- ¿Dónde está el Diablo?
- Cuando uno dice «Encantado», ¿qué contesta el otro?
3. Resume la conversación.

Ensayo

Practica la entonación

La exclamación

Tono dinámico: *¡Hola! ¡Adivínalo! ¡De acuerdo!*
Tono de incredulidad: *¡Dios mío: eres viejísimo!*

La interrogación

Tono de curiosidad: *¿Dónde estás? ¿Cómo eres?*
Tono asustado: *¿Quién eres? ¿Dónde: en la botella?*

Trabajo en pareja

Elige un papel, Cleofás o el Diablo. Ahora representa los diálogos de forma ordenada con tu compañero o tu compañera.

Cleofás	El Diablo	Cleofás
¿Dónde estás?	Muchas gracias, Cleofás.	*Yo soy alto y moreno.*
¿Qué edad tienes?	Estoy aquí.	De nada, Diablo Cojuelo.
¿Cómo eres?	Tengo cinco mil años.	¿Dónde? ¿En la botella?
¡Eres libre, viejo!	*Soy bajito y calvo.*	Dios mío, ¡eres viejísimo!

El Diablo	Cleofás	El Diablo
¿Qué tal estás?	¡De acuerdo!	¡Y yo soy el Diablo!
¿Quieres ser mi amigo?	Mi nombre es Cleofás.	¡Fatal!
¿Cómo te llamas?	Regular, ¿y tú?	Entonces, ¡libérame!

Interpretación

Apréndete los globos de memoria.
Interprétalos con un compañero o compañera.
Fíjate en la entonación, exprésala con gestos.

Bilan

Ser et estar

■ On emploie le verbe **ser** :
- pour dire son nom : *Soy Cleofás Pérez Zambullo.*
- pour dire sa nationalité, son origine : *Somos españoles, sois de Madrid.*
- pour dire son métier : *Eres estudiante.*
- pour identifier, par l'aspect physique ou le caractère : *Son jóvenes y alegres.*
- obligatoirement, devant un nom : *Es una casa verde. Es el Diablo.*

Ser	Estar
soy	estoy
eres	estás
es	está
somos	estamos
sois	estáis
son	están

Dans l'expression « C'est moi », **ser** se conjugue à toutes les personnes : *Soy yo, eres tú …*

■ On emploie le verbe **estar** :
- pour dire le lieu où l'on se trouve : *Estamos en Francia.*
- pour dire une émotion : *Están contentas, estáis tristes.*
- pour dire comment on se trouve : *¿Cómo estás? Estoy cansado.*
- pour juger, avec « bien » et « mal » : *¡Está muy bien!*

1. Conjugue l'expression «¡Soy yo!» à toutes les personnes du verbe.
2. Complète avec *ser* ou *estar* conjugué.
Neruda … un poeta chileno muy famoso. … premio Nobel de literatura. Sus obras … en todas las bibliotecas del mundo. Por eso, Mario … muy contento con su trabajo: … el cartero del poeta. Dice: «¡Eso … muy bien! ¡ … formidable!»

Verbes irréguliers usuels

Il existe de nombreuses irrégularités au présent. L'une d'elles est une première personne du présent de l'indicatif en **-go**.

Hacer	Decir	Venir
ha**go**	di**go**	ven**go**
haces	dices	vienes
hace	dice	viene
hacemos	decimos	venimos
hacéis	decís	venís
hacen	dicen	vienen

Réponds en reprenant le verbe.
- ¿Qué haces de comer?
- … espaguetis.
- ¿Qué dices?
- … que quiero comer.
- ¿De dónde vienes?
- … de mi casa.

Les mots interrogatifs (résumé)

■ Ils peuvent être invariables (**cómo, qué, dónde, cuándo**), ou s'accorder en genre et en nombre (**cuál, cuáles / cuánto, cuántos, cuánta, cuántas / quién, quiénes**).
■ La phrase interrogative directe commence par un point d'interrogation à l'envers. Cette ponctuation peut aussi se trouver en milieu de phrase.
¿Quién eres? (début de phrase) / *Pero, ¿quién eres?* (milieu de phrase)
■ Ils sont toujours accentués (d**ó**nde, qui**é**nes …), même dans l'interrogation indirecte.
Me pregunto dónde está.

Formule les questions qui correspondent à ces phrases.
a. Vivo en Francia.
b. Tengo quince años.
c. Mis apellidos son Pérez Zambullo.
d. Me llamo Juan.
e. Tengo dos superamigas.
f. Mis superamigas son Rosa y María.

Actívate

1 ¿Quién dice qué?

El Lobo Feroz llama a la puerta de la Abuela, y se hace pasar por Caperucita.
Ordena el diálogo.

- ¿Dónde estáis?
- Sí, soy yo: abre la puerta.
- ¡Soy el Lobo Feroz!
- ¡Estamos aquí!
- Aaah, pero ¿¿quién eres??
- ¿Eres tú, Caperucita?

2 Juego de memoria

1 Le premier élève dit : «De La Habana ha venido un barco cargado de…» et ajoute un mot appris en classe (tous les noms sont acceptés).

2 Le suivant reprend la phrase et en ajoute un. Ainsi de suite, dans l'ordre des mots ajoutés.

3 Ceux qui se trompent deviennent arbitres : ils sont autorisés à prendre les mots en notes.

3 Comprensión oral

Borriquito como tú

Estribillo
¡A, e, i, o, u!
Borriquito como tú, tururú,
que no sabe ni la u, tururú.
borriquito como tú, tururú:
yo sé más que tú.

Peret, *nueva versión*, 2000.

1 Écoutez l'enregistrement une première fois et prenez individuellement en notes tout ce que vous comprenez.

2 Travaillez à deux : mettez en commun vos notes et essayez d'écrire le texte d'une strophe. Lisez-la à haute voix. Les autres disent s'ils sont d'accord.

3 Quand toutes les strophes ont été vues, écoutez à nouveau la chanson et chantez-la avec Peret.

Para Ayudarte

Estrofa 1
querido: *aimé*
preferido: *préféré*
juventud: *jeunesse*

Estrofa 2
hago: *je fais*
aplauden: *applaudissent*
entusiasmo: *enthousiasme*

Estrofa 3
tabernero: *tavernier*
portera: *concierge*
lo que sea: *n'importe quoi*

Estrofa 4
este acento: *cet accent*
parezco: *je semble*
extranjero: *étranger*

Unidad 2

Aquí y ahora

1 de noviembre: fiesta de Todos los Santos (México).

Secuencia 1

THÈMES	■ L'année civile et scolaire ■ Les vacances, les anniversaires ■ Les activités extra-scolaires : danse et sport
OBJECTIFS DE COMMUNICATION	■ Situer dans le temps (mois et saisons) ■ Situer dans l'espace (pays et continents) ■ Raconter un événement proche
OBJECTIFS GRAMMATICAUX	■ Les verbes diphtongues ■ Le passé composé

Secuencia 2

THÈMES	■ La cuisine, le repas ■ La maison et les meubles
OBJECTIFS DE COMMUNICATION	■ Situer dans le temps (l'heure) ■ Situer dans l'espace (lieux fermés) ■ Raconter une suite d'événements
OBJECTIFS GRAMMATICAUX	■ Les chiffres ■ Présents irréguliers : verbes à affaiblissement

Secuencia 3

THÈMES	■ Les sorties entre amis ■ Le train
OBJECTIFS DE COMMUNICATION	■ Situer dans le temps (les jours de la semaine) ■ Situer dans l'espace (lieux ouverts) ■ Donner un rendez-vous
OBJECTIFS GRAMMATICAUX	■ L'obligation ■ Les phrases négatives ■ Adverbes de lieu et démonstratifs

2 | 1 En el aula

EL CONTROL

¿Dónde está la inspiración?

Acaba de[1] leer las cinco preguntas y respira tranquilo. De las cinco, se sabe cuatro a la perfección [...]. Vuelve[2] los ojos hacia los demás[3] y ve que todos están inquietos [...]. Hay dos que piensan intensamente [...]. Otro ha bajado la cabeza para esconderse[4] de la vista del examinador y dirigirse[5] al del pupitre de al lado: mueve los labios vocalizando lentamente una palabra...

Quim Monzó (español), *Estrategias*, 1999.

1. *il vient de* **2.** *il tourne* **3.** *les autres* **4.** *se cacher* **5.** *s'adresser*

1 **¿Dónde y en qué momento transcurre la escena?**

2 **Hay dos actitudes entre los alumnos:**
El protagonista está tranquilo porque ...
Los demás, en cambio, ...

3 **Y tú, cuando hay un control, ¿estás inquieto o tranquilo?**

4 **¿Cuál es tu actitud en estas situaciones?**
Si no sé una respuesta, ...
Si un compañero se dirige a mí, ...

ABC...

el aula: *la salle de classe*
el empollón, la empollona: *le bosseur, la bosseuse (familier)*
hacer trampa: *tricher*
soplar: *souffler*

La cabeza

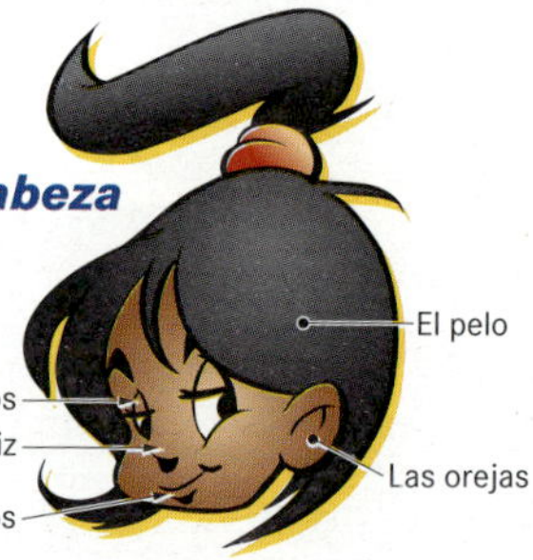

Archívalo

En cambio *(par contre...)*
El empollón se sabe todas las respuestas. Sus compañeros, **en cambio**, están inquietos.

Básico

LE PRÉSENT DE L'INDICATIF : VERBES DIPHTONGUES

Volver (o / ue)	Pensar (e / ie)
v**ue**lvo	p**ie**nso
v**ue**lves	p**ie**nsas
v**ue**lve	p**ie**nsa
volvemos	pensamos
volvéis	pensáis
v**ue**lven	p**ie**nsan

LES ADVERBES EN *-MENTE*
lento ➜ lenta ➜ lenta**mente**

UN ALUMNO MUY ESPECIAL

Pérez Navarro y Sempere (españoles), *Total Hero*, 2002.

1. *enregistrées* 2. *Allez, donne-le moi !*

ABC...

el bolígrafo: *le stylo*
los auriculares: *le casque*
la chuleta: *l'anti-sèche*

1 **Presenta la situación y di lo que pasa en el aula.**

2 **Es un alumno muy especial. Explica por qué.**
Gracias al bolígrafo, ...
Con los auriculares, ...
Y también tiene ...

3 **Compara la actitud de los dos personajes del cómic.**
La profesora no está contenta porque ...
El alumno, en cambio, ...

Practica

1. Complète la phrase en conjuguant les verbes entre parenthèses.
Yo (pensar) que el compañero de al lado sabe la respuesta, pero él no (querer) ayudarme y (mover) la cabeza para decirme que no.

2. Remplace les mots soulignés par un adverbe.
a. Las alumnas trabajan <u>duro</u>.
b. El examinador nos mira <u>con ojos muy severos</u>.
c. El del pupitre de al lado me mira <u>con tristeza</u>.

2 | 1 Trescientos sesenta y

LA VUELTA AL COLEGIO

Manolito Gafotas habla con su amigo el Orejones[1].

- La semana que viene empieza el colegio, qué rollo.
- A mí me gusta mucho[2] el primer día. No se hace nada y ves a todo el mundo que ha vuelto.
- Menos yo[3], que no he ido a ningún sitio[4]…

Elvira Lindo (española), *Manolito Gafotas: ¡Cómo molo!*, 1996.

1. *Grandes Oreilles* 2. *j'aime beaucoup* 3. *sauf moi* 4. *nulle part*

1 **¿De qué hablan los dos amigos?**

2 **Compara sus reacciones:**
Al Orejones le gusta el primer día de clase porque …
En cambio, a Manolito no le gusta: él no …

3 **A ti, ¿te gusta la vuelta al cole? Explica por qué.**

ABC…

el mes, los meses: *le mois, les mois*
las vacaciones: *les vacances*
las estaciones: *les saisons*
el invierno: *l'hiver*
la primavera: *le printemps*
el verano: *l'été*
el otoño: *l'automne*

¡FELIZ CUMPLEAÑOS!

Manolito habla de su amigo el Orejones.

Su cumpleaños es en septiembre. Es el primer cumpleaños del año y las madres todavía no se han hartado[1] de darnos dinero[2] para los regalitos de nuestros colegas. Según avanza el curso, los regalos van bajando[3] de categoría, y cuando llegas al de[4] Arturo Román, que es el 20 de junio, tu madre y la madre de cualquiera dice:
- ¿Que te dé dinero para quéeeeeeeeeeee?

Elvira Lindo (española), *Manolito Gafotas: ¡Cómo molo!*, 1996.

1. *n'en ont pas assez* 2. *argent* 3. *baissent* 4. *quand vient celui de…*

1 **Compara al Orejones con Arturo Román.**
El cumpleaños del Orejones es en septiembre: es una ventaja porque …
Arturo Román, él, no tiene suerte: …

2 **¿Cuándo es tu cumpleaños?**

3 **¿Es una buena fecha para recibir regalos?**

Básico

LE PASSÉ COMPOSÉ

• Auxiliaire **haber** + participe passé

	Hablar	Comer	Vivir
he	habl**ado**	com**ido**	viv**ido**
has	habl**ado**	com**ido**	viv**ido**
ha	habl**ado**	com**ido**	viv**ido**
hemos	habl**ado**	com**ido**	viv**ido**
habéis	habl**ado**	com**ido**	viv**ido**
han	habl**ado**	com**ido**	viv**ido**

UN VERBE IRRÉGULIER AU PRÉSENT DE L'INDICATIF

Ir
voy
vas
va
vamos
vais
van

¿DÓNDE ESTAMOS?

Viaje al hemisferio sur.

CALENDARIO ESCOLAR DE USHUAÍA
13 de diciembre: fin de curso
4 de marzo: vuelta al cole
15 de julio-2 de agosto: vacaciones de invierno

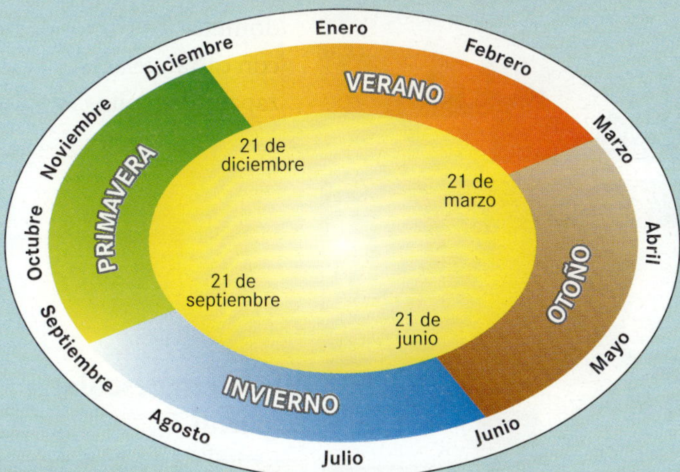

1 ¿Cuándo empieza el año escolar en Ushuaía?
2 Según este calendario, ¿cuáles son las fechas de las vacaciones de invierno?
3 Si estamos en Ushuaía, ¿en qué estación del año celebramos la Navidad?
4 Compara tu calendario escolar con el de Ushuaía, ¿te gustaría vivir allí?
5 Mira en un mapa, ¿cómo se llama la capital de Argentina?

Practica

1. Imagine que Manolito raconte ses vacances au passé composé.
ir al campo / inventar bocatas con los colegas / jugar al fútbol todas las tardes / bañarse en la piscina por las mañanas / visitar a la abuela / divertirse mucho
Exemple : *Este verano he ido al campo…*

2. Relie les deux membres de phrase avec *en cambio* ou *por eso*.
a. El cumpleaños del Orejones es en septiembre, … recibe muchos regalos.
b. El de Arturo Román, … , es en junio.
c. En Europa, el año escolar empieza en septiembre.
En Argentina, … , empieza en marzo.
d. Argentina está en el hemisferio sur, … es invierno en agosto.

Jóvenes con pasión

Marta, 16 años, alumna del Conservatorio de Danza

La carrera de danza

El Conservatorio Profesional de Danza recibe chicos y chicas que desean cursar la carrera de danza. Estos jóvenes estudian las asignaturas escolares por la mañana y, por la tarde, van al Conservatorio. El Grado Elemental empieza a los ocho años de edad. A los doce años, los alumnos pasan al Grado Medio y tienen que optar por* una especialidad: danza clásica o danza española.

Escuela bolera.

Danza estilizada.

La danza española

Los jóvenes que optan por estudiar danza española tienen que trabajar cuatro especialidades: escuela bolera, flamenco, danza estilizada y danza española. En el Grado Elemental, los bailarines han aprendido a dominar los ritmos de base, con castañuelas*, zapateado*, pitos* y palmas*.

Danza española.

Flamenco.

El sistema escolar español

ESO*	Bachillerato
Primero (doce años)	Primero (dieciséis años)
Segundo (trece años)	
Tercero (catorce años)	Segundo (diecisiete años)
Cuarto (quince años)	

* Enseñanza Secundaria Obligatoria.

Andrés «El Niño», a la conquista del Camp Nou

Futuras estrellas del Barça en La Masía.

La Masía

En La Masía duermen, estudian y viven sesenta jóvenes (de entre doce y dieciséis años) que aspiran a formar parte del mítico Barça.

La carrera de futbolista

Nacido el 11 de mayo de 1984, sus compañeros del Barça B lo llaman «El Niño», un mote* poco original.

«El Niño», durante un partido.

Andrés Iniesta entrenando.

Su jornada laboral* en La Masía empieza muy temprano, «a las ocho de la mañana». Tras echar el resto* en los campos de entrenamiento, Andrés cambia el balón por los libros. «Estoy haciendo primero de bachillerato* en el colegio León XIII – explica –, y, la verdad, es que saco buenas notas.»

Gema G. Marcos, *El Mundo*, 17 de abril de 2001.

Marta, 16 años

1. Explica cómo se organiza la escolaridad en el Conservatorio.
- ¿Qué hacen los alumnos por la mañana?
- ¿Qué hacen por la tarde?
- Explica qué tienen que hacer a los doce años.

2. Escucha la entrevista: ¿qué contesta Marta?
- *¿En qué curso estás?*
- *¿Cómo se organiza tu jornada laboral?*
- *¿Cuántas horas por semana dedicas a la danza?*
- *¿Por qué especialidad has optado?*

Andrés «El Niño»

1. Lee el reportaje.
- ¿Qué es la Masía?
- Presenta a Andrés Iniesta.
- ¿A qué clase francesa corresponde «primero de bachillerato»?

2. Redacta una entrevista a Andrés Iniesta.
Fabrica preguntas y respuestas a partir del artículo:
- *¿A qué hora empieza tu jornada, Andrés?*
- *Empiezo a las ocho de la mañana, con las clases.*

Para Ayudarte

Vocabulario

optar por: *choisir*
castañuelas: *castagnettes*
zapateado, palmas: *battements des pieds, des mains*
pitos: *sifflements*
un mote: *un surnom*
la jornada laboral: *la journée de travail*
echar el resto: *donner le maximum*

Bilan

Les verbes diphtongues au présent de l'indicatif

■ Certains verbes espagnols présentent une particularité au présent : la voyelle de la dernière syllabe du radical se transforme. On dit qu'elle diphtongue :
- le **e** devient **ie** : *pensar* ➜ *p**ie**nso* ;
- le **o** devient **ue** : *volver* ➜ *v**ue**lvo*.

■ Un phénomène semblable se produit en français. Au présent de l'indicatif, des verbes comme « tenir » ou « venir » diphtonguent eux aussi.

■ En français comme en espagnol, la diphtongaison ne concerne pas les deux premières personnes du pluriel.

Pensar	Volver
p**ie**nso	v**ue**lvo
p**ie**nsas	v**ue**lves
p**ie**nsa	v**ue**lve
pensamos	volvemos
pensáis	volvéis
p**ie**nsan	v**ue**lven

Tenir	Venir
je t**ie**ns	je v**ie**ns
tu t**ie**ns	tu v**ie**ns
il t**ie**nt	il v**ie**nt
nous tenons	nous venons
vous tenez	vous venez
ils t**ie**nnent	ils v**ie**nnent

Conjugue ces trois verbes diphtongues.
a. Contar: c**ue**nto, …
b. Dormir: d**ue**rmo, …
c. Entender: ent**ie**ndo, …

Le passé composé *(pretérito perfecto)*

■ Pour parler d'événements passés qui restent actuels (par leurs conséquences ou la façon d'en parler), on peut employer le passé composé *(pretérito perfecto)*. Contrairement au français, l'espagnol ne se sert que d'un auxiliaire : **haber**, suivi du **participe passé invariable**.

he **has** **ha** **hemos** **habéis** **han**	habl**ado** (verbes en **-ar**) com**ido** (verbes en **-er**) viv**ido** (verbes en **-ir**)

■ Quelques participes passés irréguliers : *volver* ➜ ***vuelto*** ; *decir* ➜ ***dicho*** ; *ver* ➜ ***visto*** ; *hacer* ➜ ***hecho***.

1. Mets les phrases au *pretérito perfecto*.
a. Arturo Román no tiene regalos para su cumpleaños.
b. Como cada verano, el Orejones va a Benidorm.
c. Este año, el Orejones vuelve de las vacaciones cansado.
d. Manolito ve a sus compañeros.

2. Mets les phrases au présent (attention aux verbes diphtongues).
a. El alumno ha movido la cabeza.
b. No has querido ayudarme.
c. No hemos podido ir al cole.
d. No habéis hecho las tareas.

1 Las estaciones

En cada paréntesis está el nombre de una estación del año. Cada verso rima con el siguiente. Completa y escucha la canción para verificar.

Eso es el amor

(...),
la espera,
(...),
la mano,
(...),
un retoño,
(...),
un infierno.
Eso es el amor, ¡Sí, señor!

Pepe Iglesias.

2 Los meses

¿Qué palabras faltan?
Completa, escucha y verifica.

San Fermín

Uno de enero,
dos de (...),
tres de marzo,
cuatro de (...),
cinco de mayo,
seis de (...),
siete de julio:
¡San Fermín!
¡A Pamplona hemos de ir
con una bota, con una bota,
a Pamplona hemos de ir
con una bota y un calcetín!

Tradicional.

Fiestas de San Fermín.

3 Trabajo en pareja

¿Qué tal lo has pasado?

C'est la rentrée. Deux collégiens se racontent leurs vacances : l'un est parti mais n'a rencontré que des problèmes, l'autre est resté et s'est beaucoup amusé. Fabrique un dialogue avec un camarade :
- choisissez vos rôles ;
- chacun raconte ce qui lui est arrivé au *pretérito perfecto*.

2 | 2 Está usted en su casa

UNA MANÍA

Purificación Santamarta (española), atleta ciega, 12"51 en 100 metros lisos.

Tengo una manía: cuento los pasos [...]. Desde el portal de mi casa hasta el de la oficina hay exactamente trescientos veintisiete pasos. Ni uno más ni uno menos. Siete desde mi cama hasta el cuarto de baño; doce desde mi dormitorio hasta la cocina; seis desde la cocina hasta el comedor; ciento quince desde mi casa hasta el quiosco de prensa de la esquina... Sin embargo, hoy ha ocurrido[1] algo extraño [...]: he contado, desde el portal de mi casa hasta el de la oficina, trescientos veintinueve pasos [...]. He pensado en ello todo el día [...]: tengo la impresión de que, a partir de hoy, la oficina va a estar cada vez más lejos[2].

José Miguel Sanfeliú Brell (inspector de la ONCE, Organización Nacional de Ciegos de España), «La Ventana, programa de J.J. Millás en Cadena Ser», publicado en *La Mirada*, agosto 2001.

1. *il s'est produit* **2.** *de plus en plus loin*

1 **El narrador tiene una manía. Explícala.**

2 **¿Crees que es una manía o una necesidad?**

3 **¿Qué ocurre un día?**
Un día se da cuenta de que ...

4 **¿Qué significa que «la oficina va a estar cada vez más lejos»?**

5 **En tu casa, ¿alguien tiene alguna manía? Explícala.**

ABC...

contar (*diphtongue*: ue): *compter*
darse cuenta de que: *se rendre compte que*

las habitaciones: *les pièces de la maison*
la calle: *la rue*
la distancia: *la distance*
desde: *depuis*
hasta: *jusqu'à*

la vejez: *la vieillesse*
la juventud: *la jeunesse*
ciego(a): *aveugle*

Archívalo

Tengo la impresión de que...
(j'ai l'impression que...)
Tengo la impresión de que este año voy a aprender español.

Básico

LA PRÉPOSITION *A*

- Elle indique un mouvement.
*Voy **a** la oficina.*
- On doit l'employer devant un complément d'objet direct de personne.
*Veo una casa. Veo **a** un niño.*

LA PRÉPOSITION *EN*

- Elle indique le lieu où l'on se trouve.
*El hombre está **en** su casa.*
- Elle suit le verbe **pensar**.
*Pienso **en** ti.*

TE QUIERO VERDE

Quino (argentino), *La Mirada*, 2000.

1. el comedor - 2. el cuarto de baño - 3. el dormitorio - 4. el despacho - 5. el recibidor - 6. el vestidor - 7. el salón.

1 **¿De qué color es la libertad para el niño? Explica lo que ha pasado.**

2 **Sitúa las habitaciones de la casa: *arriba, abajo, a la izquierda de, a la derecha de*.**

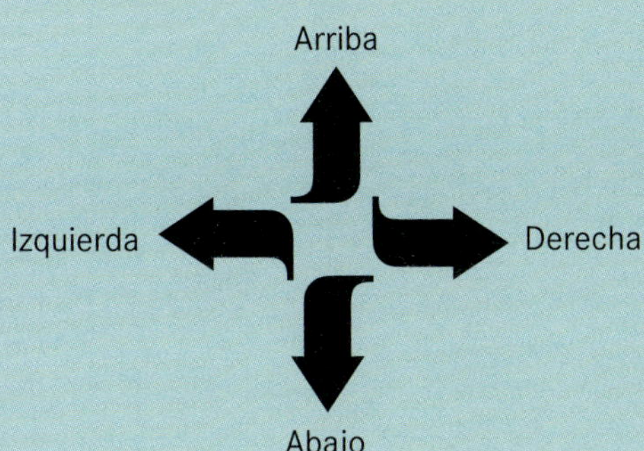

Archívalo

¿A que …? *(je te parie que…)*
¿A que no lo sabes?

Practica

1. Construis trois phrases en introduisant articles et prépositions : *el / la / una / a / en*.
a. hombre / trabaja / oficina
b. fotografía / vemos / atleta ciega
c. personaje / va andando / su trabajo

2. Faut-il ou non mettre la préposition *de* ?
a. Me doy cuenta … que el narrador es ciego.
b. ¿Pasa algo … interesante?
c. Hoy el hombre ha contado dos pasos … más.
d. Tengo la impresión … que los padres no van a estar contentos.

3. Dans le texte *Una manía*, traduis de «Sin embargo…» jusqu'à «trescientos veintinueve pasos».

¡A comer!

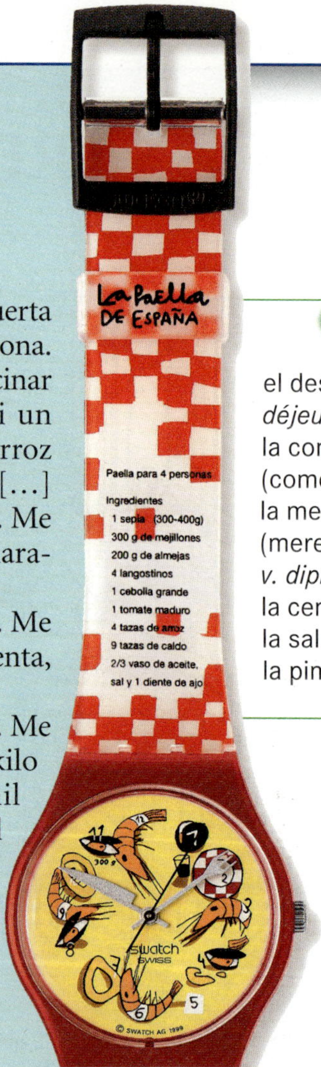

PREPARANDO UNA PAELLA

20.30 Voy a casa de mi vecina, llamo [...] a su puerta con los nudillos, me abre mi vecina en persona. Le digo (pero es mentira[1]) que a medio cocinar me he dado cuenta de que no tengo ni un gramo de arroz[2] [...]. Me da la tacita de arroz [...]. Le doy las gracias. Cierra[3] la puerta. [...]

20.35 Vuelvo a llamar a la puerta de mi vecina. Me abre ella personalmente. Le pido dos cucharadas de aceite.

20.42 Vuelvo a llamar a la puerta de mi vecina. Me abre ella personalmente. Le pido sal, pimienta, perejil, azafrán.

20.47 Vuelvo a llamar a la puerta de mi vecina. Me abre ella personalmente. Le pido medio kilo de gambas peladas [...]. Me da dos mil pelas[4] y me dice que me vaya a cenar[5] al restaurante y la deje en paz.

Eduardo Mendoza (español), *Sin noticias de Gurb*, 1990.

1. *mensonge* **2.** *riz* **3.** *elle ferme* **4.** *pesetas (ancienne monnaie espagnole)* **5.** *elle me dit d'aller dîner*

ABC...

el desayuno: *le petit déjeuner* (desayunar)
la comida: *le déjeuner* (comer)
la merienda: *le goûter* (merendar, *v. diphtongue* : ie)
la cena: *le dîner* (cenar)
la sal: *le sel*
la pimienta: *le poivre*

Las horas y el reloj.

Lo más triste, caballero, un reloj
Las 11, las 12, la 1, las 2.

Rafael Alberti

1 **¿Dónde está el protagonista? ¿Qué está preparando?**

2 **¿A qué hora empieza a cocinar?**

3 **¿Por qué va a casa de la vecina?**

4 **Cuenta las diferentes etapas del relato de forma organizada.**
Primero le pide ...
Cinco minutos después, llama y ...
A los siete minutos, vuelve a llamar y ...
Al final ...

Básico

LE VERBE *PEDIR* AU PRÉSENT DE L'INDICATIF

Pedir
pido
pides
pide
pedimos
pedís
piden

LA RÉPÉTITION

• **volver a** + infinitivo
Llama. Il appelle.
Vuelve a llamar. Il appelle à nouveau.

¿YO? CUALQUIER COSA...

Por qué es tan odioso para una mujer preguntarle a su familia qué quieren comer

Por **Maitena**

Maitena (argentina), *El País semanal*, 2001.

1. *tout le monde s'esquive* **2.** *se met* **3.** *colin (poisson)* **4.** *au régime*

1 **¿Qué pasa en estas casas a la hora de la comida?**
A la hora de la comida, la madre le pregunta a su familia ...

2 **¿Están todos de acuerdo?**

3 **¿Qué hace la mujer al final?**

4 **Lee todo lo que piden en este cómic y elige.**
Entre todo lo que piden, lo que menos me gusta es (son) ...
Lo que más me gusta ...

Practica

1. Dis la même chose avec *volver a*.
a. La vecina abre de nuevo la puerta.
b. El hombre le da de nuevo las gracias.
c. La mujer pregunta de nuevo qué quieren comer.
d. El hombre le pide de nuevo un ingrediente.

2. Associe dans une phrase chaque chose à sa couleur : *El tomate es rojo.*
el tomate – la sal – el aceite – el cielo – la noche – la tierra – la lechuga – el arroz

3. Donne ton horaire.
Me levanto a ...
Desayuno a ...
Voy al colegio a ...
Vuelvo del colegio a ...
Como a ...

2|2 Abre los ojos
El autobús

Frida Kahlo (mexicana), *El autobús*, 1929.

La forma de vestir

La gorra.

Los zapatos.

El sombrero.

Los pies descalzos.

Los objetos cotidianos

La cesta.

La bolsa.

Comenta el cuadro, sirviéndote de la ficha Método.

1. Preséntalo.
2. Explica su composición.
3. Estudia los personajes: su forma de vestir, sus actividades, su origen social ...
4. Expresa tu opinión.

Método

PINTURA: COMENTAR UN CUADRO

Presentación
El cuadro se titula ...
Es una obra del pintor / de la pintora ...

Composición
En el primer plano se ve(n) ...
En el segundo plano ...
En el tercer plano ...

Estudio
Lo que más llama la atención es (son) ...
Si nos fijamos en ... , vemos que ...

Opinión personal
Este cuadro me gusta porque ...
Esta obra me interesa porque ...

El hatillo.

El bolso.

¿Quién es...
FRIDA KAHLO?

Frida Kahlo (México 1907-1954)

Frida Kahlo se dedica desde niña a la pintura. Es una de las primeras mujeres pintoras de América. Muy interesada por la cultura de los indígenas de su país, aparece con frecuencia en las fotos vestida con ropa tradicional. Fue la esposa de otro pintor mexicano muy famoso, Diego Rivera.

Bilan

Les chiffres

■ Résumons : tu as appris les chiffres jusqu'à trente. Maintenant, en apprenant les autres dizaines et les centaines, tu vas pouvoir pratiquement compter jusqu'à l'infini.

Dizaines	Centaines	Milliers
10 diez	100 cien	1 000 mil
20 veinte	200 doscientos	2 000 dos mil
30 treinta	300 trescientos	3 000 tres mil
40 cuarenta	400 cuatrocientos	4 000 cuatro mil
50 cincuenta	500 quinientos	5 000 cinco mil
60 sesenta	600 seiscientos	6 000 seis mil
70 setenta	700 setecientos	7 000 siete mil
80 ochenta	800 ochocientos	8 000 ocho mil
90 noventa	900 novecientos	9 000 nueve mil

■ De 16 à 29, on écrit les chiffres en un mot, selon l'orthographe suivante : *dieciocho*, *veintinueve*... De 31 à 99, l'espagnol met ensuite toujours **y** entre la dizaine et l'unité : *cuarenta **y** siete*, *noventa **y** nueve*.

Écris les chiffres suivants.
18 - 22 - 52 - 547 - 1 103 - 1 492 - 2 005.

■ À partir de 200, les centaines sont considérées comme des adjectifs : elles peuvent donc avoir les deux genres : *trescient**os** trece pas**os** / cuatrocient**as** cincuenta person**as***.

Écris les chiffres de ces phrases.
a. 500 pesetas son ahora 3 euros.
b. El punto más alto de América es el Aconcagua: 6 959 metros.
c. En la prueba del maratón, los atletas corren 42 195 metros.
d. El libro de español tiene 224 páginas.

Les verbes à affaiblissement

■ Certains verbes, dont la terminaison est en -**ir** et l'avant-dernière syllabe en -**e**, ont une irrégularité au présent de l'indicatif : le -**e** du radical se transforme en -**i**, selon le modèle du verbe **pedir**.
■ La modification ne concerne pas les deux premières personnes du pluriel.

Pedir
pido
pides
pide
pedimos
pedís
piden

1. Termine la conjugaison de *reír*: *río, ríes*...
2. Donne les verbes soulignés à l'infinitif, puis mets les phrases à la première personne du singulier.
a. Cuando nos vamos de una casa, nos despedimos.
b. En verano, vestís con pantalones cortos.
c. Sonreímos cuando cantamos en español.
d. No sabe exactamente cuánto mide: entre 1 metro 70 y 1 metro 75.
e. No puede contestar: se rinde.

1 Objetos cotidianos

¿Qué tienen Zipi y Zape en su cuarto?
Contesta con: «Verdad» o «Mentira».
Un balón de baloncesto, dos bicicletas, un libro de matemáticas, un libro de historia, tres pelotas de tenis, una raqueta de ping pong, un cómic, una zapatilla de deporte roja, una bota de fútbol, una vídeoconsola y un bocadillo.

2 La casa: habitaciones y muebles

La mesita de noche.
La cama.

La silla.

El sillón.

Un espejo.

El teclado.

1 Señala el objeto que no está en su lugar. ¿Dónde debe estar?
- En el dormitorio: la mesita de noche y el ordenador.
- En el cuarto de baño: el espejo y el sillón.
- En el despacho: el plato de paella y el teclado.
- En el salón: la televisión y la cama.
- En el comedor: las sillas y el lavabo.

2 En tu casa, ¿cuál es la habitación que más te gusta?

3 ¿A que doy más pasos que tú?

1 Compte les pas que tu fais le matin chez toi entre les différentes pièces.

2 Compte aussi ceux que tu fais dans la rue jusqu'au collège.

3 Raconte tous tes trajets devant la classe et fais le total de tes pas.
Me levanto a … / Voy a … / Doy x pasos … / En la calle … / En casa … / Después … / Voy a pie … / Voy en autobús, metro … / Desde … hasta … / En total …

4 Qui marche le plus dans la classe ?

¿Nos vemos?

HASTA LUEGO

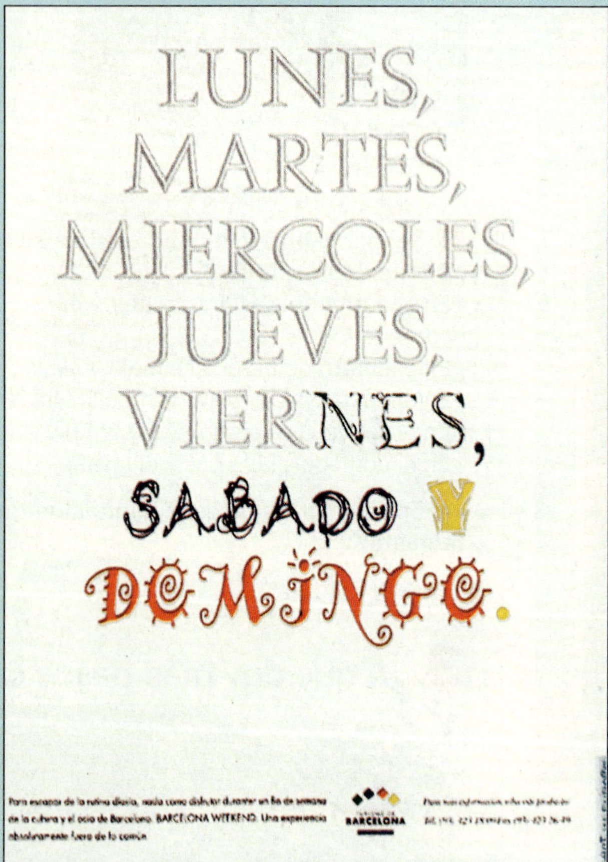

Después de[1] comer, el viejo se va a su cuarto a echarse una siesta. Hoy, como es viernes, no trabaja por la tarde.
Cojo[2] el teléfono y llamo a Roberto.
Oye, ¿Roberto? … Sí, ¿qué pasa, Carlos? … ¿Has conseguido las entradas[3]? … Sí, ya las tengo … ¿Quiénes vamos al final? … Pues tú, Ramón, yo, el Manolo, que me ha llamado. Y creo que Pedro y su novia, aunque todavía no[4] he hablado con ellos … Bueno, nos vemos entonces en el Kronen, ¿no? … Sí, yo estoy a las siete o así … Bueno, pues luego te veo, Roberto … Hasta luego. Cuelgo[5].

José Angel Mañas (español), *Historias del Kronen*, 1994.

1. *après* **2.** *je prends* **3.** *tu as eu les places ?* **4.** *pas encore* **5.** *je raccroche*

1 ¿En qué momento de la semana estamos? ¿Cómo se ve?

2 Di qué personajes hablan, dónde han quedado, a qué hora…

3 En tu opinión, ¿adónde va a ir la pandilla?

4 Y tú, ¿sales los fines de semana?

ABC…

llamar por teléfono: *téléphoner*
marcar un número: *faire un numéro*
quedar: *avoir rendez-vous*

el fin de semana: *le week-end*
el cine: *le cinéma*
la discoteca: *la « boîte »*
la pandilla: *le groupe d'amis*

Básico

MODIFICATION ORTHOGRAPHIQUE AU PRÉSENT DE L'INDICATIF

Coger
co**jo**
coges
coge
cogemos
cogéis
cogen

DEUX ADVERBES DE TEMPS

• **Ya / Todavía no**
*¿**Ya** tienes las entradas?*
Ça y est, tu as les places ?
*No, **todavía no** las tengo.*
Non, je ne les ai pas encore.

¿QUEDAMOS EN LA PUERTA DEL SOL?

La Puerta del Sol, Madrid.

A: Lola / B: Carlos.

1 **Mira el mapa y di dónde están Lola y Carlos.**

2 **Lola y Carlos han quedado en la Puerta del Sol. Di su trayecto.**

Toma … hasta …
Gira …
Sigue …
Y llega a la Puerta del Sol.

Sigue todo recto | Gira a la derecha | Gira a la izquierda

Practica

1. Conjugue ces phrases au présent.

a. Yo (dirigirse) a mi compañera.
b. Tú (coger) el autobús.
c. Nosotros (exigir) transportes gratis.
d. Yo (proteger) a los animales.

2. Réponds à ces phrases, en commençant par «No, todavía no…».

a. ¿Ya habéis comido?
b. ¿Ya han hablado con Carlos?
c. ¿Ya has echado la siesta?

¡Viva el tren!

VIAJANDO POR EL PERÚ

En la estación.

Para tomar el tren a Jauja hay que comprar el boleto[1] la víspera[2] y presentarse en la estación de Desamparados a las seis de la mañana. Me han dicho que el tren va siempre lleno[3] y, en efecto, debo tomar el vagón por asalto. Pero tengo la suerte de conseguir un asiento[4]. Aunque he comido algo antes de dejar Lima, a las pocas horas siento hambre[5]. Es imposible comprar nada en las estaciones en las que el tren deja o recoge pasajeros: Chosica, San Bartolomé, Matucana, San Mateo, Casapalca, La Oroya. Pero, con todas sus incomodidades y su lentitud[6], el viaje está lleno de sorpresas.

Mario Vargas Llosa (peruano), *Historia de Mayta*, 1984.

1. *(américanisme)* = billete **2.** *la veille* **3.** *plein* **4.** *une place assise* **5.** *faim* **6.** *sa lenteur*

1 ¿Dónde está el viajero y adónde quiere ir?

2 ¿Cuándo tiene que comprar el billete?

3 Explica por qué hay que llegar temprano a la estación.

4 ¿Te gustaría hacer este viaje? Di cuáles son para ti sus ventajas y sus inconvenientes.

5 Observa el Perú en un mapa: ¿cómo se llama la gran cordillera de montañas de este país?

ABC...

levantarse: *se lever*
temprano: *tôt*
tarde: *tard*

viajar: *voyager*
el viaje: *le voyage*
el viajero: *le voyageur*

de pie: *debout*
sentado: *assis*

Archívalo

En efecto *(en effet)*
Los viajeros tienen hambre. **En efecto**, no hay vagón restaurante en este tren.

Básico

L'OBLIGATION

• L'obligation personnelle s'exprime avec **deber** ou **tener que** conjugués + **infinitif** (je dois, tu dois…).
*Yo **debo** tomar el tren por asalto.*
*Yo **tengo que** tomar el tren por asalto.*

• L'obligation impersonnelle s'exprime avec **hay que** + **infinitif** (il faut).
Hay que presentarse en la estación.

LA PHRASE NÉGATIVE : *NADA, NADIE*

• *Pienso en **alguien**.*
Je pense à quelqu'un.
*No pienso en **nadie**.*
Je ne pense à personne.

• *He comido **algo**.*
J'ai mangé quelque chose.
*No he comido **nada**.*
Je n'ai rien mangé.

TRENES QUE VUELAN

Renfe: Red Nacional de Ferrocarriles de España.

1 El promotor: ¿Cómo se llama la empresa que promueve esta publicidad?

2 El producto: ¿Cuál es el nombre del tren? ¿Qué recorrido hace?

3 La composición del anuncio: ¿Cuántos planos tiene? ¿Qué se ve en cada plano?

4 Tu opinión: ¿Te parece una publicidad original? Explica por qué.

ABC...

el dedo: *le doigt*
hacer autostop: *faire de l'auto-stop*
el extraterrestre: *l'extraterrestre*
la rapidez: *la rapidité*

Practica

1. Transforme les phrases comme dans le modèle.

Para ir a Jauja, hay que tomar el tren. (los turistas)
Para ir a Jauja, los turistas tienen que tomar el tren.

a. Para tomar el tren de los Andes, hay que madrugar. (el pasajero)
b. Para no pasar hambre, hay que llevar comida. (los viajeros)
c. Para ir rápidamente a Sevilla, hay que tomar el AVE. (yo)

2. Dis le contraire.

a. He hablado con alguien.
b. He comprado algo para comer.
c. Tengo algo para ti.
d. Hay alguien en el vagón.

2 | 3

Taller de teatro
El Diablo Cojuelo (II)

Cleofás ha liberado al Diablo. Para darle las gracias, éste le invita a un espectáculo: ¡levanta los techos de Madrid!

Adaptado de Vélez de Guevara (siglo XVII).

Primeros pasos

1. Observa las viñetas:
- ¿qué ha pasado en el episodio anterior?
- ¿qué pasa en este episodio?

2. Escucha el diálogo con atención y explica lo que está haciendo cada personaje (utiliza formas progresivas).
- *Los ladrones están …*
- *La novia de Cleofás …*
- *El avaro …*
- *La bruja …*

Ensayo

Practica la entonación

La sorpresa

¡Dios mío, qué espectáculo!
¡Qué cosas más raras pasan bajo los techos de Madrid!

Una orden

¡Vámonos! *¡Tranquilo, hombre!* *¡Cállate y mira!*

La exclamación

¡Claro que sí!

Trabajo en pareja

1. Sitúa en el espacio: introduce ***aquí***, ***ahí***, o ***allí*** en la frase correspondiente.

- *Diablo*: ¿Ves esa casa verde, … ?
- *Cleofás*: Oh, ¡hay un chico rubio que está hablando con mi novia!
- *Diablo*: ¿Ves aquella cabaña, … ?
- *Cleofás*: Oh, ¡hay una bruja que está preparando filtros de amor!
- *Diablo*: ¿Ves esta casa, … ?
- *Cleofás*: Oh, ¡hay un hombre que está durmiendo!

2. Representa los diálogos con un compañero.
3. Completa, imitando los diálogos anteriores.

- *Diablo*: ¿Ves … despacho, … ?
- *Cleofás*: Oh, ¡hay una profesora que está … (escribir un control)!
- *Diablo*: ¿Ves … cuarto, … ?
- *Cleofás*: Oh, ¡hay un alumno que está … (estudiar duro)!
- *Diablo*: ¿Ves … oficina, … ?
- *Cleofás*: Oh, ¡hay un señor que está … (pedir información)!

4. Sobre ese modelo, inventad otros diálogos.
Representadlos.

Interpretación

Entre los tres episodios (los ladrones, la novia de Cleofás, la bruja) elegid uno. A partir de los globos, inventad más réplicas para desarrollar toda la escena. Representad la escena, con la entonación, los gestos…

Bilan

L'obligation

■ Dans l'obligation personnelle, on sait qui est l'objet de l'obligation. On utilise un verbe conjugué : je dois, tu dois... Il existe deux verbes : **deber** et **tener que**, suivis de l'infinitif.
Tengo que *trabajar.* ***Debo*** *trabajar.* Je dois travailler.
■ Dans l'obligation impersonnelle, l'obligation ne s'applique pas à une personne définie. On utilise une formule fixe : **hay que + infinitif**.
Hay que *trabajar.* Il faut travailler.

1. Exprime une obligation personnelle.
a. Para ir a Valencia yo tomo el tren Alaris.
b. Nuestro OVNI no funciona: pedimos ayuda a Renfe.
2. Maintenant, supprime les sujets et exprime des obligations impersonnelles.

La phrase négative

■ Mots négatifs : n**unca** (jamais), n**ada** (rien), n**adie** (personne).
- *Viajo siempre en tren. /* ***No*** *viajo* ***nunca*** *en tren.*
- *He comido algo. /* ***No*** *he comido* ***nada****.*
- *Hay alguien. /* ***No*** *hay* ***nadie****.*
■ Il existe une deuxième construction possible. On met le mot négatif devant le verbe : ***Nunca*** *viajo en tren.*
■ Autres tournures négatives :
- **Tampoco** (non plus): *¡Yo tampoco!* Moi non plus !
- **Todavía no** (pas encore): *Todavía no ha llegado.* Il n'est pas encore arrivé.

Traduis ces phrases.
a. Je n'ai pas encore 18 ans et toi non plus.
b. Il n'a jamais faim.
c. Nous n'avons rien vu.
d. Personne ne me parle.

Le gérondif et la forme progressive

■ Le gérondif est invariable. Il se forme en ajoutant les terminaisons -**ando** et -**iendo** au radical de l'infinitif : pens**ar** ➜ pens**ando** ; com**er** ➜ com**iendo** ; viv**ir** ➜ viv**iendo**.
■ Il y a des exceptions, par exemple les verbes à affaiblissement : **pedir** ➜ **pidiendo**.
■ On l'utilise :
- dans la forme progressive (être en train de...) : **estar** conjugué + **gérondif** : pienso ➜ **estoy pensando** ;
- pour traduire **en** + **participe présent** : En chantant. *Cantando.*

Exprime ces actions à la forme progressive.
a. Yo como una paella muy buena.
b. Ella participa en una carrera.
c. Nosotros hablamos en español.
d. Hacéis la tarea.

Adverbes de lieu et démonstratifs

	Adverbes de lieu	Adjectifs démonstratifs	
		Singulier	Pluriel
Proche de moi (ici)	aquí	este chico esta chica	estos chicos estas chicas
Plus éloigné, ou proche de toi (là)	ahí	ese hombre esa mujer	esos hombres esas mujeres
Encore plus loin, ou proche de lui (là-bas)	allí allá	aquel diablo aquella bruja	aquellos diablos aquellas brujas

1 Taller de lectura

1 **Di qué producto promueve esta publicidad.**

2 **En el texto siguiente se han introducido errores. Observa detenidamente el anuncio:**
- **¿cuántos errores hay?**
- **rectifícalos.**

Cuando dice que … , es falso porque …

Se trata de una publicidad promovida por la SNCF para un tren llamado Alaris que hace el recorrido Madrid-Sevilla. En la página hay diez frases diferentes. Cada una asocia un acto de la vida cotidiana con la salida de un tren, por ejemplo: «Cada vez que sonríes, sale un Ave», «Cuando sale la luna, sale un Ave». Estas frases quieren decir que el tren es muy rápido. Los colores que dominan son el rojo, el azul pálido y el naranja.

3 **Copia todas las frases que lees en la publicidad y fabrica otras imitando el modelo.**

Cuando … , sale un Ave.
Cada vez que … , sale un Ave.

2 Comprensión oral

El puente

Tengo miedo al (…),
también tengo miedo al (…).
Por eso quiero saber
lo que debo hacer
pa' cruzar el charco.
Yo sabría esperar
porque el tiempo no me importa,
si construyeran un puente
desde Valencia hasta Mallorca.

Será maravilloso
viajar hasta Mallorca
sin necesidad de tomar el (…) o el (…):
¡sólo caminando, en (…) o (…)!

Los Mismos.

1 **En cada paréntesis hay un medio de transporte. Escucha la canción y di cuál.**

2 **Asocia cada medio de transporte con un verbo, una profesión y un elemento.**

Avión	Pedalear	Ciclista	El cielo
Barco	Volar	Piloto	El mar
Bicicleta	Caminar	Capitán	El mundo
Autoestop	Navegar	Aventurero	La tierra

Unidad 3

Con mucho gusto

6 de enero: Día de Reyes (Puerto Rico).

Secuencia 1

Thèmes

- Courrier postal et courrier électronique
- Le Père Noël et les Rois Mages
- Les uniformes scolaires

Objectifs de communication

- Exprimer un souhait
- Donner un point de vue, favorable ou défavorable

Objectifs grammaticaux

- Le subjonctif présent
- Le futur immédiat : *ir a* ...

Secuencia 2

Thèmes

- Les animaux, à la maison et en liberté
- L'amour, l'amitié

Objectifs de communication

- Dire ce que l'on aime et ce que l'on déteste
- Donner un ordre et interdire

Objectifs grammaticaux

- Présents irréguliers : verbes en *-zco*, verbe *oír*
- Les constructions indirectes
- L'impératif et l'enclise

Secuencia 3

Thèmes

- Le marché et le marché aux puces
- Les livres et la lecture

Objectifs de communication

- Faire un achat
- Parler des prix

Objectifs grammaticaux

- La comparaison
- Comparatifs et superlatifs
- La continuité de l'action : *seguir* + gérondif

Escríbeme...

LOCOS POR INTERNET

Buscadores Internet en español.

Mi amigo y su familia jamás se dirigen la palabra: se comunican sólo a través de «emilios», o sea *e-mails*. [...] Y no es broma[1]. Pongamos, por ejemplo, que la madre le quiere decir al Tuercas que baje a comprar la leche[2], ¿no? Bueno, pues para ahorrar[3] tiempo (porque todos están siempre liadísimos[4] charlando, yo qué sé, con unos tipos que viven en Nueva Zelanda o en Papúa Nueva Guinea) se mandan *e-mails*. «Tuercas arroba punto com (teclea su madre), por favor, compra tres litros de leche y un bote de Ajax Pino. Bye.» ¿Os dais cuenta? [...] Se podrían decir las cosas hablando, incluso sería[5] más rápido, pero... «Teresita arroba punto com», teclea el padre del Tuercas, (Teresita es la hermana mayor del Tuercas), «que no se te olvide[6] que mañana es el último día para llevar a vacunar a Pentium». Pentium es el perro de la familia...

Carmen Posadas (uruguaya), *Dorilda*, 2000.

1. *blague* 2. *acheter le lait* 3. *économiser* 4. *très occupés* 5. *ce serait même* 6. *n'oublie pas*

1 ¿Quiénes son los personajes de este relato?

2 Muestra que:
- los miembros de esta familia nunca se hablan;
- esta familia se comunica con el mundo entero.

3 Señala los elementos cómicos.
Lo que más gracia me hace es ...

ABC...

el correo electrónico: *le courrier électronique*
el ordenador: *l'ordinateur*
conectarse: *se connecter*
chatear: *faire du* chat

cerca: *près*
lejos: *loin*

Archívalo

Por ejemplo *(par exemple)*
Están locos por la informática.
El perro, **por ejemplo**, se llama Pentium.

Básico

LE SUBJONCTIF PRÉSENT (VERBES RÉGULIERS)

Cantar	Comer	Vivir
cante	coma	viva
cantes	comas	vivas
cante	coma	viva
cantemos	comamos	vivamos
cantéis	comáis	viváis
canten	coman	vivan

• Quelques emplois : souhait et ordre
Querer que + subjonctif (vouloir que)
Decir que / pedir que + subjonctif (demander de)

LE FUTUR IMMÉDIAT

• **Ir a** conjugué + infinitif
Mañana escribiré una carta. (futur simple)
*Hoy **voy a escribir** una carta.* (futur immédiat)

LA CARTA

Sobre y dirección.

- **H**oy vamos a escribir una carta – les dijo Manolo una mañana –. Escribir cartas es una costumbre[1] que se está perdiendo.

- ¿Y a quién tenemos que escribir? – preguntó uno de los alumnos.

- A quien queráis. Cada uno de vosotros puede elegir[2] el destinatario de su carta.

- Yo escribiré a mi tía que vive en Italia y que se va a casar[3] con un italiano. Le voy a decir que me invite a pasar una temporada allí.

- Yo escribiré a un amigo que se ha marchado a vivir a otro barrio.

- Yo escribiré al Presidente del Gobierno.

- ¿Y qué le vas a decir?

- Que entregue[4] el 0,7 de su sueldo para el Tercer Mundo. Sería un buen ejemplo.

- Yo escribiré a mis abuelos, que están en el pueblo[5].

Alfredo Gómez Cerdá (español), *El cuarto de las ratas*, 1998.

1. *une habitude* 2. *choisir* 3. *se marier* 4. *qu'il donne* 5. *le village*

1 **¿Quién es Manolo? ¿Cuál es su idea?**

2 **Comenta la frase «... es una costumbre que se está perdiendo».**

3 **Explica las razones de cada alumno para escribir su carta.**
El primero ha elegido a su tía: quiere que ...
Otro va a escribir al presidente del gobierno: quiere que ...

4 **Compara este texto con el anterior: ¿qué prefieres para comunicarte, carta o *e-mail*?**

Practica

1. Complète et conjugue avec la personne indiquée.
a. El maestro quiere que ... a usar Internet. (vosotros / aprender)
b. Quiero que ... a mi fiesta de cumpleaños. (tú / venir)
c. El niño pide que ... la naturaleza. (los gobiernos / respetar)
d. Los padres siempre nos dicen que ... las tareas antes de jugar. (nosotros / hacer)

2. Transforme ces phrases en exprimant le futur immédiat.
a. Le dirijo una carta al Presidente. *Hoy le ...*
b. Aprendemos un segundo idioma. *Este año ...*
c. Mis vecinos viajan al Perú. *Este verano ...*
d. Hay un control de matemáticas. *Esta semana ...*

LA CARTA MÁS FEA DEL MUNDO

Olivia ha ido con su abuelo a darle la carta a los Reyes Magos. Le ha costado[1] muchos días escribirla. Olivia no sabe elegir sólo cuatro juguetes entre todos los juguetes de este mundo. Así que la carta está llena de tachones. El abuelo dice que da igual, que los Reyes entienden hasta las cartas más difíciles. Antes de ver a los Magos de Oriente, Olivia se para[2] ante un gran escaparate. Hay un montón de juguetes que Olivia no ha puesto en su carta. Menos mal que el abuelo tiene un lápiz[3]. Olivia tacha[4] uno de los que había escrito y apunta dos nuevos: no se entiende nada. «Es la carta más fea del mundo» [...]. Olivia se pone a llorar[5].

Elvira Lindo (española), *Olivia y la carta a los Reyes Magos*, 1996.

1. *il lui a fallu* **2.** *s'arrête* **3.** *crayon* **4.** *raye* **5.** *se met à pleurer*

1 ¿A quién le escribe Olivia? Explica qué es esa carta.

2 ¿Por qué está llena de tachones?

3 Explica la reacción de Olivia. ¿De qué tiene miedo?
Olivia tiene miedo de que ...

4 ¿Cómo consuela el abuelo a su nieta?

Olivia se para ante un escaparate.

Una carta llena de tachones.

ABC...

elegir: *choisir*
traer: *apporter*
los juguetes: *les jouets*
el escaparate: *la vitrine*

creer en: *croire à*
los Reyes Magos: *les Rois Mages*
Navidad: *Noël*
Nochebuena: *la nuit de Noël*
Nochevieja: *le 31 décembre*

Archívalo

Menos mal que
(heureusement que...)
La carta de Olivia está llena de tachones. **Menos mal que** los Reyes Magos son comprensivos.

Básico

DEUX VERBES PARTICULIERS AU PRÉSENT DE L'INDICATIF

- **Traer** (apporter, verbe en **-go**)
- **Elegir** (choisir, modification orthographique)

Traer	Elegir
traigo	elijo
traes	eliges
trae	elige
traemos	elegimos
traéis	elegís
traen	eligen

LE SUBJONCTIF PRÉSENT, AUTRES EMPLOIS

- Sentiments, jugements : **tengo miedo de que, me extraña que...** + subjonctif.
- But : **para que** + subjonctif.

REYESMAGOS.COM

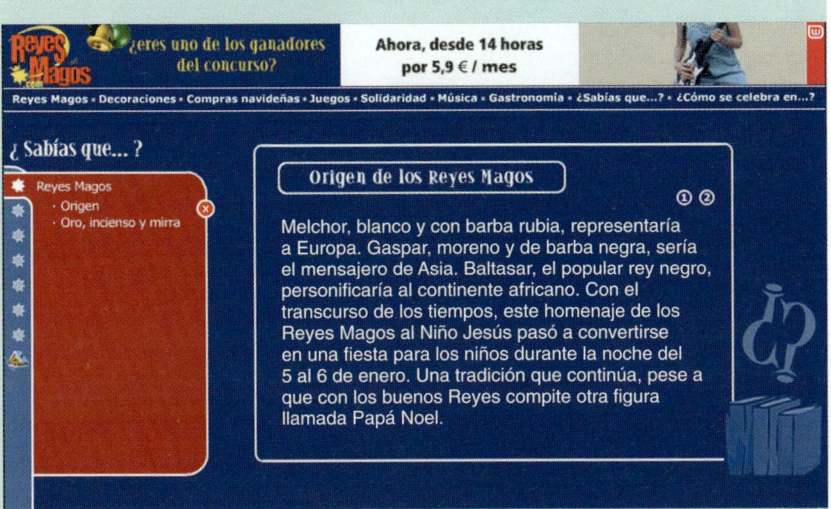

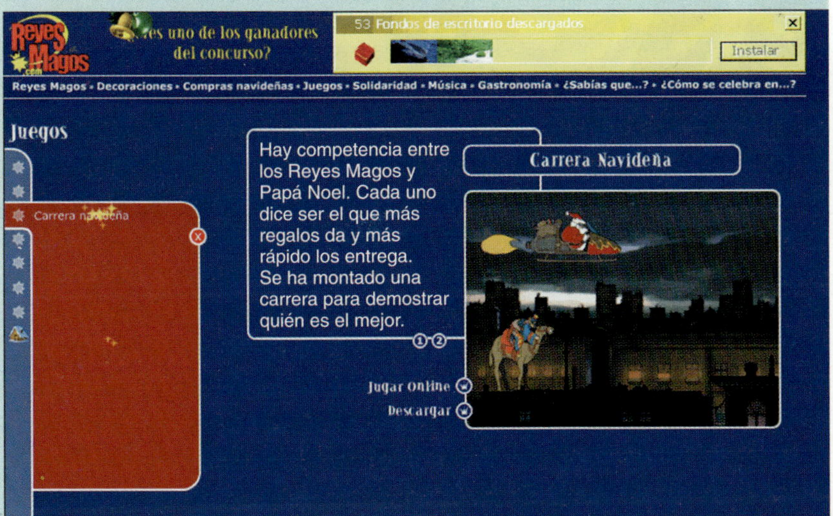

Los Reyes Magos en Internet.

1 Los Reyes Magos: ¿quiénes son y qué representan?

2 ¿Tradicionalmente, ¿en qué fecha reciben los niños españoles sus regalos?

3 ¿Quién compite con los Reyes Magos actualmente?

4 Explica el juego de la carrera navideña.

5 Actividad Internet: busca las respuestas en la página www.reyesmagos.com.
- ¿Cuál es el origen de Papá Noel?
- ¿Por qué va vestido de rojo y blanco?
- ¿Cómo se llaman las canciones de Navidad en España?
- ¿En qué consiste la tradición de las doce uvas?
- Describe la cena típica española de Nochebuena.

Practica

1. Conjugue les verbes du texte.
No es extraño que Papá Noel (competir) con los Reyes hoy en España. Tradicionalmente, los niños españoles tienen que esperar hasta enero para que los padres les (dar) los regalos. Por eso, cada vez más, quieren que Papá Noel les (traer) los juguetes.

2. Associe une des exclamations à chaque situation : *¡Menos mal! / ¡Qué pena! / ¡Qué casualidad!*
a. Vas a México de vacaciones y encuentras a un amigo de tu barrio.
b. Tu gato se cae de un techo pero no le pasa nada.
c. Los Reyes Magos no te traen nada.

3|1 En portada
¿Qué me pongo?

¿De uniforme o de calle?

Camiseta roja de cuello alto (Mango): 24 euros

Jersey con manguitos (Mango): 36 euros

Vaquero muy ancho (Mango): 42 euros

Zapato de plataforma (Zara): 36 euros

Total: 138 euros

Camisa blanca de manga larga: 19 euros

Jersey azul marino: 22 euros

Falda de tablas: 40 euros

Calcetines largos: 4 euros

Mocasines de piel: 25 euros

Total: 110 euros

Jersey de lana con rayas a los lados (IKKS): 60 euros

Pantalón «cargo» de pana (IKKS): 42 euros

Calzado de deporte (Nike): de 36 euros a 138 euros

Total: de 138 euros a 240 euros

Camisa blanca de manga larga: 30 euros

Jersey de cuello pico: 28 euros

Pantalón con cintura elástica: 44 euros

Calcetines cortos: 4 euros

Mocasines de piel: 26 euros

Total: 132 euros

¿A favor o en contra?

A favor del uniforme

Padres y profesores implicados están satisfechos*. «Se terminaron los debates diarios matinales de qué-me-pongo», dice Montserrat.

«Yo encantada, me han ahorrado* el tener que estar siempre pendiente* de la marca, de lo que les compro y encima pagar un precio excesivo por ello.» (madre de familia)

«Yo soy firme defensora del uniforme, porque permite a profesores y compañeros valorar* al niño por lo que es, y no por lo que parece*.» (madre de familia)

En contra del uniforme

«Hay que ser tolerante con la forma en que el niño expresa su personalidad, siempre que no sea perjudicial* para él mismo y sus compañeros.» (directora de colegio)

«Puede ayudar a evitar la obsesión por las marcas, pero el problema es más profundo, porque al salir del colegio todo sigue igual; es a la familia, más que al colegio, a quien corresponde la educación sobre estos aspectos.» (padre de familia)

Textos del reportaje «¿De bonito o de faena?», *El País Semanal*, 10 de octubre de 1999.

Colegialas de uniforme.

¿De uniforme o de calle?

1. ¿Qué representan las cuatro fotos? ¿Qué quieren mostrar?
2. ¿Lo entiendes todo? Busca cómo se dice: *pull, chemise, jupe, chaussure, chaussure de sport, manches, chaussette, jean, rayures, col en V.*

¿A favor o en contra?

1. Explica los puntos de vista «a favor»:
- la primera madre da dos argumentos a favor: ¿cuáles?
- la segunda madre: ¿qué significa «valorar al niño por lo que es y no por lo que parece»?

2. Explica los puntos de vista «en contra»:
- la directora de colegio: para ella, ¿qué es «ser tolerante» con los jóvenes? ¿Por qué puede «ser perjudicial»?
- el padre de familia: «Al salir del colegio, todo sigue igual». Comenta.

Debate

Expresa tu opinión:
- *Estoy a favor de los uniformes porque …*
- *Estoy en contra porque …*
- *(No) me parece bien lo de los uniformes …*
- *(No) soy partidario de …*

Para Ayudarte

Vocabulario

«cargo»: *type de pantalons*
bolsillo: *poches*
satisfecho: *satisfait*
ahorrar: *éviter*
estar pendiente de: *faire attention à …*
valorar: *estimer*
por lo que parece: *pour son aspect*
perjudicial: *préjudiciable*

Bilan

La formation du subjonctif présent

■ Pour tous les verbes, la voyelle de la terminaison change : verbes en **-ar** ➜ **e** / verbes en **-er** et **-ir** ➜ **a**.
■ Pour le radical, il y a plusieurs cas.

Le radical est celui de l'infinitif : cas des verbes réguliers.		
Cantar	Comer	Vivir
cante cantes cante cantemos cantéis canten	coma comas coma comamos comáis coman	viva vivas viva vivamos viváis vivan

Le radical suit le présent de l'indicatif : cas des verbes diphtongues.	
Volver	Pensar
vuelva vuelvas vuelva volvamos volváis vuelvan	piense pienses piense pensemos penséis piensen

Le radical est celui de la première personne du présent de l'indicatif : cas des verbes en **-go**, des verbes à affaiblissement, des verbes à modification orthographique.		
Decir	Pedir	Coger
diga digas diga digamos digáis digan	pida pidas pida pidamos pidáis pidan	coja cojas coja cojamos cojáis cojan

Autres irréguliers	
Ser	sea, seas…
Estar	esté, estés…
Ir	vaya, vayas…
Saber	sepa, sepas…
Haber	haya, hayas…

Quelques emplois du subjonctif

■ Le souhait, l'ordre
Quiero que *me invite.*
La madre le ***dice*** *a su hijo* ***que*** *baje a comprar la leche.*
El maestro les ***pide que*** *escriban una carta.*
■ L'expression de sentiments, jugements et points de vue
La niña ***tiene miedo de que*** *los Reyes no le* ***traigan*** *nada.*
Me extraña que *esta niña no* ***sepa*** *lo que quiere.*
■ Le but
El abuelo le da un lápiz ***para que pida*** *un nuevo juguete.*

1. Complète ces conjugaisons au subjonctif.
a. hable, hables, … , hablemos, habléis, …
b. salga, … , salga, salgamos, … , salgan.
c. … , puedas, pueda, … , podáis, puedan.
2. Dans ces phrases, repère le verbe au subjonctif et donne son infinitif. Justifie son emploi.
a. El niño escribe una carta a Melchor: le dice al Rey Mago que le traiga juguetes.
b. Yo no creo en Papá Noel: les pido a mis padres que me hagan ellos los regalos.
c. Los niños españoles tienen prisa: quieren que los Reyes sean más rápidos.
d. Para que mis abuelos estén contentos, voy a escribirles una carta.
e. A los franceses les extraña que los niños españoles tengan sus regalos el 6 de enero.

1 La familia

1 Contesta, a partir del árbol genealógico.
- ¿Cuántos hijos tiene Sole?
- ¿Cuántos hermanos tiene Rosa?
- ¿Cuántos hijos tiene Ana? ¿Cuántas hijas?
- ¿Cuántos nietos tiene Tomás? ¿Cuántas nietas?

2 Haz más preguntas a tus compañeros. También puedes dar informaciones, por ejemplo: «Es hijo único, ¿quién es?»

Para Ayudarte

el abuelo, la abuela: *le grand-père, la grand-mère*
el hijo, la hija: *le fils, la fille*
el nieto, la nieta: *le petit-fils, la petite-fille*
el primo, la prima: *le cousin, la cousine*
el tío, la tía: *l'oncle, la tante*

2 Taller de lectura y de escritura

Me quedo contigo

Si me das a elegir
entre tú y la riqueza
con esa grandeza
que lleva consigo,
ay, amor,
me quedo contigo.

Si me das a elegir
entre tú y la gloria
para que hable la historia de mí,
por los siglos,
ay, amor,
me quedo contigo.

(estribillo)
Pues me he enamorado
y te quiero y te quiero,
y sólo deseo
estar a tu lado,
soñar con tus ojos,
besarte los labios,
sentir en tus brazos
que soy muy feliz.

Los Chunguitos, banda sonora de *Deprisa deprisa*, película de Carlos Saura, 1980.

1 Dans la première strophe, quel est le sujet de «das», «lleva», «me quedo» ?

2 Complète, en exprimant le pronom personnel qui convient.
Si … me das a elegir
entre tú y la riqueza
con esa grandeza
que … lleva consigo,
ay, amor,
… me quedo contigo

3 Recopie la seconde strophe et le refrain. Souligne tous les verbes à la première personne du singulier du présent de l'indicatif : combien y en a-t-il ?

4 Relève :
- un verbe au subjonctif ;
- un verbe pronominal au passé composé.

5 Traduis le refrain.

6 Écris une strophe sur le modèle de la chanson.

3 | 2 Amor, amistad

SUPERAMIGAS

Escribiendo un diario.

Kris está de vacaciones y escribe su diario.

Es verdad que soy una exagerada, me gustan hasta las cucarachas[1]. Si se observan bien son bonitas[2]. Lo que pasa es que tú empiezas a decir: «¡Qué asco, qué asco!» y ni las miras.
¿A que no sabes cuántas patas tienen?
¿Tienen antenas?
¿Cómo son sus ojos?
¿Y con qué comen, con trompa o con boca?
¿Lo ves? ¿Cómo puedes decir que no te gustan si no las conoces?

Al día siguiente, Kris escribe a su gran amiga Bárbara.

Violeta es la chica de la trenza[3], y es muy guapa[4], con unos ojos verdes enormes. Pero eso es lo de menos. Lo más importante es lo divertida[5] que es. También ella es hija única y le gustan muchas cosas que me gustan a mí. Los perros, por ejemplo, y los gatos y los pájaros y los ratones[6] y los cuentos de cementerios y de monstruos. Me parece que ya somos amiguísimas; no tanto como tú y yo, pero a lo mejor[7] se pueden tener varias superamigas y no pasa nada. ¿A ti qué te parece?

Enriqueta Antolín (española), *Kris y el verano del piano*, 1997.

1. *cafards* **2.** *jolies* **3.** *tresse* **4.** *belle* **5.** *amusante* **6.** *souris* **7.** *peut-être*

1 Kris dice «soy una exagerada». ¿Por qué?

2 Y a ti, ¿qué animales te dan asco? ¿Cuáles te encantan, cuáles te dan miedo?

3 ¿Quién es Bárbara? ¿Quién es Violeta?

4 Kris y Violeta son superamigas: ¿qué tienen en común?

ABC...

el asco: *le dégoût*
me da(n) asco: *ça me dégoûte*
el miedo: *la peur*
me da(n) miedo: *ça me fait peur*

la amistad: *l'amitié*

las mascotas: *les animaux de compagnie*
el perro: *le chien*
el gato: *le chat*
el pájaro: *l'oiseau*

Archívalo

A lo mejor *(peut-être)*
Violeta y Kris son superamigas: **a lo mejor** es porque son hijas únicas.

Básico

CONSTRUCTIONS INDIRECTES

me / te / le / nos / os / les } gust**a el campo** / gust**an los gatos** / gust**a ir** de vacaciones

Autres verbes construits sur ce modèle : *me encanta(n), me da(n) miedo, me da(n) asco…*

PRÉSENTS DE L'INDICATIF IRRÉGULIERS

Obedecer	Oír
obede**zco**	**oigo**
obedeces	**oyes**
obedece	**oye**
obedecemos	oímos
obedecéis	oís
obedecen	**oyen**

TENGO UNA SORPRESA

Annie, tengo una sorpresa para ti, le dije, *¿me has comprado un regalito?*, preguntó ella ilusionada, y yo *no te lo he comprado, pero es un regalito* y ella *¿a ver?* y yo *cierra*[1] *los ojos* y ella *primero yo tengo un regalito para ti* y yo, *bueno,* y ella, *cierra los ojos* y yo, temblando de emoción, esperando el beso soñado[2], obedezco[3] sumiso, pienso que por fin ha llegado el momento del besito. De pronto oigo su risita ahogada y siento una presencia intrusa en mi boca. Abro entonces los ojos, aterrado, y veo a Annie muerta de la risa. Escupo[4] con todas mis fuerzas y veo salir de mi boca un escarabajo[5] vivo.

Jaime Bayly (chileno), *Yo amo a mi mami*, 1999.

1. *ferme* **2.** *rêvé* **3.** *j'obéis* **4.** *je crache* **5.** *scarabée*

1 **Identifica quiénes dialogan en este texto.**

2 **Representad en clase el diálogo.**
Chico: Annie, tengo una sorpresa para ti.
Chica: ¿Me has comprado un regalito?
Chico: No ... Etc.

3 **Explica lo que quiere el niño.**

4 **Annie le gasta una broma a su compañero. Explícala.**

Dame un beso.

ABC...

querer: *aimer*
estar enamorado: *être amoureux*
el beso: *le baiser*
el novio, la novia: *le fiancé, la fiancée*
el amor: *l'amour*

gastar una broma: *faire une farce*

Practica

1. Fabrica frases.
a. (yo) gustar / ver películas.
b. (nosotros) encantar / el color de los papagayos.
c. (ellas) dar asco / las cucarachas.
d. (tú) dar miedo / los ratones.

2. Contesta negativamente.
a. ¿Vas a cerrar los ojos?
b. ¿Sabes qué es mi regalo?
c. ¿Me oyes?
d. ¿Obedeces a tus padres?

3. Traduis le texte *Superamigas* de «¿A que no sabes...» (l. 4) jusqu'à «... si no las conoces» (l. 8).

3 | 2 ¿Animales en casa?

TU PERRO Y TÚ

Si has tomado la decisión de tener un perro como animal de compañía, ¡enhorabuena[1]! Ello requiere[2] un entrenamiento constante. Existen ciertas palabras clave para enseñar a un cachorro[3] a convertirse en un miembro más de tu familia. La primera de ellas es su nombre. Otra palabra esencial en su adiestramiento[4] es el NO. Empléala en tono duro, enérgico y acompañado con un movimiento de la mano. VEN o SIÉNTATE[5] son también muy útiles en la educación del cachorro. Cuando lo haga bien, recompénsalo con muestras de afecto y caricias.

«Guía de cuidados del cachorro», *Purina*, 2001.

1. *félicitations* 2. *ceci demande* 3. *chiot* 4. *dressage* 5. *assis !*

Atila, mi mascota querida.

1 Explica la escena en esta publicidad para un sofá.

2 ¿Qué travesuras puede hacer un animal en casa?

3 ¿Cómo piensas que hay que educar a una mascota?

4 Lee el texto y señala todos los consejos.

ABC...

los consejos: *les conseils*
el comportamiento: *le comportement*
las travesuras: *les bêtises*
una orden: *un ordre*
el amo, el ama: *le maître, la maîtresse*
la mascota: *l'animal familier*

Básico

L'IMPÉRATIF

Infinitif	2e pers. singulier	2e pers. pluriel
cantar	cant**a**	cant**ad**
comer	com**e**	com**ed**
escribir	escrib**e**	escrib**id**
pensar	piens**a**	pens**ad**
volver	vuelv**e**	volv**ed**

LA DÉFENSE

• **No + subjonctif présent conjugué**

*¡**No** cant**es**, por favor!*
*¡**No** com**a** usted escarabajos!*
*¡**No** escrib**amos** mails!*
*¡**No** compr**éis** animales protegidos!*

¡NO AL TRÁFICO DE ESPECIES!

1. *t'exposer à des sanctions*

1 ¿Qué representa este cartel?

2 Explica cuál es el mensaje de esta campaña de Adena (Asociación por la Defensa de la Naturaleza).

3 Y tú, ¿estás a favor o en contra de tener animales en casa?

ABC...

el papagayo: *le perroquet*
la pareja: *le couple*
el macho: *le mâle*
la hembra: *la femelle*

la selva: *la jungle*
la naturaleza: *la nature*
la libertad: *la liberté*

la pieza de un puzzle: *la pièce d'un puzzle*

Practica

1. **Formule l'interdiction correspondante :**
Sepáralo de su amada.
→ *No lo separes de su amada.*
a. Llama a tu mascota con diferentes nombres.
b. Recompensa siempre a tu perro.
c. ¡Muerde al cartero!
d. ¡Vuelve a esconder el móvil!
e. ¡Sube al sofá!

2. ***Enseñar* ou *aprender* ? Complète et conjugue avec le bon verbe.**
a. En el colegio, los alumnos … dos idiomas.
b. Los perros … rápidamente a vivir en una casa.
c. El amo le … a su cachorro a sentarse.
d. Adena quiere que los turistas … a respetar la naturaleza.

Abre los ojos

Mujer llorando, mujer

Pablo Picasso (español), *Mujer llorando*, 1937.

Pablo Picasso, *Dora Maar*, 1937.

1 Presenta los dos cuadros.

2 Di lo que representan y qué sentimientos expresa cada uno.

3 Señala todas las diferencias entre las dos obras.
En el retrato de la izquierda ... mientras que en el de la derecha ...

4 Di el que prefieres y por qué.

Método

Comentar un retrato

El modelo

El pintor representa al modelo de perfil.
El modelo está pintado de frente.
Por su expresión, vemos que está ...
Expresa un sentimiento de ...
Podemos imaginar que es una persona ...

Los colores y las formas

Los colores suaves y las formas redondas expresan ...
Con unos colores chillones, el pintor quiere mostrar ...
Las formas geométricas también muestran ...

Opinión personal

Lo interesante de estos retratos es que ...
Entre los dos cuadros, me quedo con ...

El cubismo: en un mismo cuadro, el pintor pinta al modelo ...

▲ ... de frente.

▲ ... de perfil.

¿Quién es...

Pablo Picasso?

Pablo Picasso (Málaga, 1881 - Mougins, 1973)

Con el cuadro *Las señoritas de Aviñón* en 1907, crea un movimiento que marca la pintura del siglo veinte: el *cubismo*. Desarrolla posteriormente una inmensa obra personal, con temas políticos (el cuadro *Guernica*), españoles (los toros), o universales (*La paloma de la paz*). Sus amigos, hijos y compañeras aparecen también en numerosos retratos, como los de la fotógrafa Dora Maar en los años treinta.

Bilan

Les tournures indirectes

■ Comme en français avec « plaire » (ça me plaît) ou « faire peur » (ils me font peur), il existe des verbes espagnols qui se construisent avec :
- un pronom personnel complément d'objet indirect *(**me** gusta, **te** dan miedo)* qui dit la personne sur qui porte l'action ;
- un sujet, exprimé ou non, qui dit celui qui est à l'origine de l'action *(me gusta **el queso**, te dan miedo **los perros**)*. Le verbe s'accorde bien sûr avec le sujet.

■ On peut insister sur la personne concernée par l'action. Dans ce cas, on se sert de la préposition **a** : ***a mí** me gusta, **a ti** te gusta…*

Choisis un verbe pour dire ta réaction : *A mí me … (gustar, encantar, dar miedo, dar asco) …*
a. los perros grandes.
b. salir de noche.
c. las cucarachas.
d. la comida española.

Les pronoms personnels

Il existe quatre formes pour le pronom personnel.

Sujet	Complément direct	Complément indirect	Après une préposition *(a, de, para, por, sin…)*
yo	me	me	mí
tú	te	te	ti
él, ella, usted	lo, la	le	él, ella, usted
nosotros, nosotras	nos	nos	nosotros, nosotras
vosotros, vosotras	os	os	vosotros, vosotras
ellos, ellas, ustedes	los, las	les	ellos, ellas, ustedes

Rédige avec le verbe *gustar* les phrases qui correspondent au tableau.
Ex. : A nosotros nos gustan mucho las películas de horror.

	las películas de horror	Julio Iglesias	comer en el restaurante
Nosotros	mucho	no … mucho	muchísimo
Usted	muchísimo	no … nada	mucho
Ellas	no … nada	muchísimo	no … mucho
Tú	mucho	no … mucho	no … nada

L'enclise

■ Le pronom personnel ne peut jamais précéder un infinitif, un gérondif ou un impératif. On l'accroche à ces formes : c'est l'enclise.
*¿Puedes presentar**nos** a tu amigo? / Está lavándo**se**. / Da**me** un beso.*

■ Si l'on veut éviter l'enclise au gérondif et à l'infinitif, on peut placer le pronom devant le verbe conjugué.
*¿**Nos** puedes presentar a tu amigo? / **Se** está lavando.*

Donne l'autre construction possible de chaque phrase.
a. ¿Me puedes decir la hora?
b. El chico se está poniendo unos vaqueros.
c. No nos queremos poner uniformes.
d. Mi mascota se está echando la siesta en el sofá.

Actívate

1 Taller de lectura

Marido celoso...

No quiero, no, que te rías,
ni que te pintes de azul los ojos,
ni que te empolves de arroz la cara,
ni que te pongas la blusa verde,
ni que te pongas la falda grana.

Rafael Alberti, 1961.

1 Repère toutes les interdictions et donne les verbes concernés à l'infinitif.

2 Invente quatre autres interdictions.
No quiero que ...

2 Prohibiciones

À partir des interdictions données, exprime un ordre, comme dans le panneau, à la deuxième personne du singulier.

- No hay que pisar las flores.
- No hay que tirar papeles.
- No hay que escribir en el pupitre.
- No hay que decir mentiras.
- No hay que comer con la boca abierta.
- No hay que robar especies protegidas.

No circules en bicicleta

3 Trabajo en grupo

Me gustas tú

Manu Chao, 2001.

1 Que dit le chanteur ? Écoute les six phrases de la chanson et choisis :

- *Me gustan <u>los aviones</u>* ou *Me gustan <u>los camiones</u>* ?
- *Mirar* ou *viajar* ?
- *El cielo* ou *el viento* ?
- *La mañana* ou *La Habana* ?
- *Sonia* ou *soñar* ?
- *La mar* ou *amar* ?

2 Fabriquez ensemble d'autres strophes. Chaque élève propose une phrase, la classe vote et choisit les dix meilleures.

4 Medios de transporte

1 Explica quién habla en esta publicidad de Correos.

2 Justifica cada una de las preferencias completando la frase.
A mí me gusta viajar en avión porque ...

BUENO, BONITO Y BARATO

El Rastro, Madrid.

- **E**s de segunda mano, ¿no? – levantó mi compañero la manga de una cazadora[1] con aspecto de antigua, pero impecable.
- Treinta mil, una ganga[2]. Es de aviador ruso, de cuando la guerra – dijo el vendedor.
- ¿Treinta mil? Le doy veinte.
- Ni hablar, hombre[3]. No encuentras una igual[4] en todo Madrid … ni por el doble.
- Veinticinco mil, ni un duro más[5].
- Que no, hombre, que no. Mírala bien. Cógela, cógela y mira lo que pesa.
- Veinticinco mil, no llevo más.
- Venga, pongo yo las otras cinco mil, – les dije[6] porque yo todavía no estaba acostumbrado a regatear …

Miguel Naveros (español), *El Malduque de la Luna*, 2003.

1. *un blouson* **2.** *une affaire* **3.** *pas question, l'ami !* **4.** *tu n'en trouveras pas une comme ça…* **5.** *pas un sou de plus* **6.** *leur dis-je*

1 ¿Qué quiere comprar el protagonista?

2 ¿Por qué es «una ganga» según el vendedor?

3 ¿Cómo reacciona el comprador? ¿Qué argumentos utiliza?

4 Y su amigo, ¿qué hace al final? ¿Qué piensas de su actitud?

ABC…

el Rastro: *le marché aux puces de Madrid*
los puestos: *les étalages*
una tienda: *un magasin*
el vendedor, el comprador: *le vendeur, l'acheteur*
regatear: *marchander*
el precio: *le prix*

Básico

LA COMPARAISON

- La supériorité
El Rastro es ***más*** *divertido* ***que*** *un supermercado.*
- L'infériorité
En el Rastro, la ropa es ***menos*** *cara* ***que*** *en una tienda.*
- L'égalité
El Rastro de Madrid es ***tan*** *grande* ***como*** *el* Marché aux Puces.

LA PESCADERA CURIOSA

El mercado de la Boquería es el más conocido de Barcelona. Está en la parte central de las Ramblas, que son el alma de Barcelona. Mercedes se detiene en la pescadería de Lola.

- Buenos días, preciosa[1], cada día estás más guapa.
- Hola, Lola. Hoy necesito el mejor pescado.
- Aquí sólo tengo lo mejor. ¿Quieres hacer sopa de pescado, eh?
- Sí, haré «suquet». Quiero cuatro trozos de rape[2].
- ¿Quieres un rape entero? Resulta más barato.
- De acuerdo, ponme también doce gambas.
- ¿Doce? Son muchas para la sopa…
- De segundo haré pollo[3] con gambas – explica Mercedes. A mis invitados les gustan mucho las gambas. Por eso he elegido esos dos platos. ¡Qué curiosa eres!
- ¡Reina, es mi oficio! ¿Te imaginas una pescadera calladita[4]?

Teresa Meix Prunes (española), *Encuentro en Barcelona*, 1995.

1. *(affectueux) mon cœur* **2.** *lotte (variété de poisson)* **3.** *poulet* **4.** *silencieuse*

El mercado de la Boquería, Barcelona.

1 Presenta el lugar de la acción y los personajes de este texto.

2 Línea 4: ¿cómo se ve que estamos en un mercado?

3 Líneas 5-9: ¿qué pide la clienta? ¿qué le contesta la pescadera?

4 ¿Te parece que es curiosa la pescadera?

5 Compara una compra en un mercado y en un supermercado.

ABC…

el mercado: *le marché*
el pescado: *le poisson*
la pescadera: *la poissonnière*
la pescadería: *la poissonnerie*
la sopa: *la soupe*

Practica

1. Compare les prix : rédige trois phrases pour dire l'égalité, la supériorité et l'infériorité.

a. Un cuarto de kilo de gambas: 9,50 euros.
b. Una cazadora: 200 euros.
c. Un trozo de pescado: 9,50 euros.
d. Un par de zapatos: 45 euros.

2. Complète les mots qui manquent dans la liste.

Produit	Métier	Commerce
pescado	pescad**ero**	pescad**ería**
pan	panadero	…
pastel	pastelero	…
fruta	frutero	…
verdura	verdulero	…
carne	carnicero	…

3. Écris en toutes lettres les prix cités pour le blouson.

a. 20 000 pesetas, o 120 euros.
b. 25 000 pesetas, o 150 euros.
c. 30 000 pesetas, o 180 euros.

3 | 3 El precio de las cosas

¿SON CAROS LOS LIBROS?

Los libros son caros. Se puede decir que lo único caro del mundo son los libros. Todo lo demás es baratísimo. Los zapatos son baratos; la vivienda es barata; la barra de labios[1] es muy barata. Todo barato. Sólo son caros los libros. La verdad es que quien dice que el libro es caro no dice que un coche es caro. Tampoco[2] se dice que es cara la entrada para un concierto de rock. El libro cuesta lo que cuesta.

José Saramago (portugués), *Nuestro libro de cada día*, 1999.

1. *le rouge à lèvres* **2.** *non plus*

1 «Los libros son caros», dice el autor: ¿habla en serio o en broma?

2 Clasifica los diferentes productos citados en el texto.
- **Por orden de precio:** pienso que lo más caro es (son) … y luego …
- **Por orden de necesidad:** para mí, lo más necesario … y después …
- **Por orden de preferencia personal:** lo que prefiero … y a continuación …

ABC…

costar (*diphtongue* : ue): *coûter*
caro: *cher*
barato: *bon marché*
el precio: *le prix*

el coche: *la voiture*
la vivienda: *le logement*
los zapatos: *les chaussures*

en serio: *sérieusement*
en broma: *pour rire*

Básico

LA TRADUCTION DE « ON »

• ***Se* + troisième personne** (singulier ou pluriel)
***Se** habla español.*
On parle espagnol.
*En los Vips **se** vend**en** libros.*
Dans les Vips, on vend des livres.

LA CONTINUITÉ D'UNE ACTION

• **Seguir + gérondif**
*Yo **sigo** ley**endo**.*
Je continue à lire.

LE SUPERLATIF ABSOLU

• **Muy / -ísimo(a)**
*La barra de labios es **muy** barata.*
*La barra de labios es barat**ísima**.*
Le rouge à lèvres est très bon marché.

Vips es un espacio comercial y de restauración con una gran librería.

1 ¿Cuál es el objetivo de esta publicidad?

2 ¿En qué consiste la oferta de Vips?

3 Describe la imagen. ¿Es un buen resumen de esta publicidad?

Practica

1. Rédige ces phrases de façon impersonnelle, avec « on ».

a. En España, (cocinar) mucho con aceite de oliva.
b. En Vips, (comprar) libros y también (poder) comer.
c. Por 15 euros de compras, (ofrecer) tortitas con nata.
d. ¿Crees que hoy (leer) menos que antes?

2. Remplace *todavía* (encore) par *seguir* + gérondif (continuer à).

a. ¿Todavía estudias?
b. Todavía vivimos en Madrid.
c. Tengo sesenta años y todavía juego al fútbol.
d. Este niño todavía piensa que existen los Reyes Magos.

3. Remplace *muy* + adjectif par le superlatif en *-ísimo*.

a. La vivienda es muy cara.
b. Los libros son muy interesantes.
c. Estoy muy cansado.

Taller de teatro

El Juez de los divorcios

Adaptado de Miguel de Cervantes (siglo XVII).

Primeros pasos

1. Observa las viñetas y escucha la grabación: ¿quiénes son los personajes de esta escena?
2. Presta atención a lo que dicen los personajes:
• Primera pareja:
- ¿Qué quieren el hombre y la mujer?
- ¿Cuáles son los motivos?
• Segunda pareja:
- ¿Por qué quieren divorciarse?
- ¿Cómo le gusta la carne al hombre? ¿Y a la mujer?
- A la mujer, ¿le gusta la poesía?
• Tercera pareja:
- ¿Quieren divorciarse también?
- ¿Cuándo es la fiesta?
- ¿Están de verdad reconciliados?

Ensayo

Practica la entonación

La irritación

¡Bruja, más que bruja!
¡Espantapájaros!
¡Cállate, yo primero!
¡Te digo que no!

El cariño

¿Verdad, querida?
Sí, mi amor…
Tú primero, mi vida…

Trabajo en pareja

Fabricad réplicas, por parejas, a partir del modelo.
- Marido: ***A mí me gusta** la poesía.*
- Mujer: ***¡Y a mí me gustan** las corridas de toros!*

Temas propuestos
- Comidas: la carne, el pescado, comer fuera, comer en casa …
- Deportes: el baloncesto, esquiar, los partidos de fútbol, los torneos de tenis …
- Ropa: los vaqueros, llevar uniforme, los zapatos clásicos, las zapatillas de deporte …

Inventad a partir de otros temas: medios de transporte, música …

Interpretación

Adaptad la segunda escena: inventad un nuevo diálogo para figurar la incompatibilidad de caracteres.
Representadlo con gestos y entonación.
Utilizad fórmulas variadas para decir los gustos de cada uno.

• Me gusta(n) …
• Me encanta(n) …
• Me da(n) miedo …
• Me da(n) asco …
• Prefiero …
• Soy partidario(a) de …

Bilan

La comparaison

- La supériorité : *Los españoles se acuestan* ***más*** *tarde* ***que*** *los franceses.*
- L'infériorité : *España tiene* ***menos*** *habitantes* ***que*** *Francia.*
- L'égalité : *Francia recibe* ***tantos*** *turistas* ***como*** *España.*

Pour le comparatif d'égalité, il y a deux formes :
- **tanto(s)** ou **tanta(s)** devant un nom : *Tengo* ***tantas*** *hermanas* ***como*** *hermanos.*
- **tan** devant un adjectif : *Estoy* ***tan*** *cansado* ***como*** *tú.*

■ Attention à ne pas confondre :
- la comparaison : *Soy* ***tan*** *alto* ***como*** *tú* (je suis <u>aussi grand que</u> toi) ;
- la conséquence : *Soy* ***tan*** *alto* ***que*** *toco el techo* (je suis <u>si grand que</u> je touche le toit).

■ Comparatifs irréguliers

bueno → *mejor* / *malo* → *peor* / *grande* → *mayor* / *pequeño* → *menor*

Complète avec *que* ou *como*.
a. Hay tantos clientes … vendedores.
b. Hay tantas personas … no se puede caminar.
c. La cazadora no es tan barata … lo dice el vendedor.

Quelques problèmes d'orthographe

Attention, pour conserver le même son, il faut parfois modifier l'orthographe.
Devant **i** ou **e** :
- **c** devient **qu** : *es rico* (il est riche) → *es riquísimo* (il est très riche)
- **g** devient **gu** : *juego* (je joue) → *quiero que jue**gu**es* (je veux que tu joues)
- **z** devient **c** : *la actriz* (l'actrice) → *las actri**c**es* (les actrices)

Transformations orthographiques				
ga	**gue**	**gui**	go	gu
ca	**que**	**qui**	co	cu
za	**ce**	**ci**	zo	zu

Le superlatif absolu

Le superlatif absolu peut s'exprimer avec :
- **muy** + adjectif : *Los zapatos son* ***muy*** *caros.*
- le suffixe **-ísimo** accroché à l'adjectif : *Los zapatos son car**ísimos**.*

Utilise l'autre tournure du superlatif (attention aux modifications orthographiques).
a. Estos monumentos son muy viejos.
b. Mi bocadillo está muy bueno.
c. El pescado que vendo es muy fresco.
d. Lleva una falda muy larga.

La continuité de l'action

Pour indiquer qu'une action se poursuit, on emploie **seguir** + le gérondif : *Sigo comiendo.* Je continue à manger. Attention aux gérondifs irréguliers :
- verbes à affaiblissement (modèle *pedir*) : *seguir* → ***siguiendo*** ;
- verbes où deux voyelles se suivent : *leer* → *le**y**endo* ;
- autres irréguliers : *ir* → *yendo* / *dormir* → *d**u**rmiendo.*

Exprime la continuité de ces actions.
a. <u>Comemos</u> filete de vaca.
b. Este año voy a <u>jugar</u> al baloncesto.
c. No quiero que <u>pidas</u> dinero a tu abuela.
d. Este niño <u>cree</u> en Papá Noel.

Actívate

1 Taller de lectura

Lenguaje cifrado

Jugamos a las cartas, al veo veo, a las prendas, practicamos nuestro lenguaje cifrado...
– Tiyo tino tipue tido timás. Tisi tino tisa tili timos tide tia tiquí tipron tito time tiva tia tidar tiun tia tita tique tide tiner tivios – decía Bárbara. ... ¡Time ties titoy tiha ticien tido tipis! Tiya tino tipue tido tia tiguan titar timás!

Enriqueta Antolín (española), *Kris y su panda en la selva*, 1998.

1 ¿En qué consiste el «lenguaje cifrado» de Kris y su amiga?

2 Descifra y traduce las frases.

3 Fabrica una frase cifrada y escríbela en la pizarra. ¿Quién la adivina?

4 En el anuncio, la «i» ha reemplazado todas las vocales: restablece el texto correcto (cuidado con la ortografía).

2 ¿Más o menos?

Compara un mercado y un centro comercial.

- (+) En un centro comercial hay más ... que en un mercado.
- (+) Un mercado es más ... que un centro comercial.
- (−) En un centro comercial hay menos ... que en un mercado.
- (−) Un centro comercial es menos ... que un mercado.
- (=) En un centro comercial hay tanto(s), tanta(s) ... como en un mercado.
- (=) Un mercado es tan ... como un centro comercial.

Es	Hay
simpático	variedad
moderno	gente
anónimo	jóvenes
tradicional	comunicación

3 Comprensión oral

De compras.

1 Presenta la escena.
- Di quiénes son los personajes.
- Explica en qué tipo de tienda están.

2 Explica el principio de la escena: ¿qué busca la mujer?

3 Señala las cualidades, los defectos, el precio de cada par de zapatos.
Lo bueno del primer par es que ...
Lo malo es ...

4 Indica los elementos cómicos.
Lo que me hace reír es ...
Lo gracioso es cuando ...

5 Da tu opinión:
¿Qué piensas de la actitud de la mujer?

Para Ayudarte

Pour parler des prix

¿Cuánto valen?
¿Qué precio tienen?
¿Cuánto cuestan?
¿Me hace un descuento?

Unidad 4

Cuéntame

Febrero: Carnaval, Entierro de la Sardina (España).

Secuencia 1

Thèmes

- La télévision : informations et films
- Le monde à l'envers
- L'Amérique latine

Objectifs de communication

- Exprimer une préférence
- Raconter des événements passés

Objectifs grammaticaux

- L'imparfait de l'indicatif
- Le passé simple des verbes réguliers
- Le superlatif relatif

Secuencia 2

Thèmes

- Un mariage
- Cinéma : une jeune actrice

Objectifs de communication

- Raconter des événements personnels
- Accepter ou refuser une invitation

Objectifs grammaticaux

- L'exclamation
- Quelques passés simples irréguliers

Secuencia 3

Thèmes

- Légendes et curiosités d'Amérique latine
- Tourisme au Mexique et au Chili

Objectifs de communication

- Lire et raconter une histoire
- Exprimer son étonnement

Objectifs grammaticaux

- Passés simples irréguliers
- Les prépositions *por* et *para*
- Le superlatif relatif : « le plus… »

TELEDIARIO

Mique Beltrán (español), *Marco Antonio ¡contra todos!*, 1997.

Estaban terminando de comer y Adolfo protestaba porque quería ver una serie americana de humor con risas enlatadas que daban en el Canal Tres [...]. Pero Eduardo, su padre, se había opuesto de forma tajante y mantenía las noticias de las dos y media del Canal Cinco.

- ¡Pero si[1] a las tres podéis ver el telediario de Canal Uno! – se lamentaba Adolfo.
- ¡No seas pesado[2]! – le cortó esta vez Cecilia, su madre.
- ¡No lo entiendo! – refunfuñaba Adolfo – ¡Siempre decís que os gustan más las noticias del Canal Uno! [...]

Margarita cogió la manzana[3] más colorada[4] que había en el frutero y, con ella en la mano, se sentó en el sofá. Ahora estaban hablando de deportes y se veía un campo de fútbol en el que los seguidores[5] de un equipo se peleaban[6] contra los del otro; se tiraban piedras y se daban patadas y puñetazos[7]. Pensaba Margarita que no entendía cómo a sus padres podía gustarles ver el telediario, que siempre estaba lleno de noticias tristes. Tenía razón Adolfo...

Alfredo Gómez Cerdá (español), *El cuarto de las ratas*, 1998.

1. *mais enfin !* **2.** *pénible* **3.** *la pomme* **4.** *rouge* **5.** *les supporters* **6.** *se battaient*
7. *des coups de pied et des coups de poing*

1 Presenta la escena: lugar, personajes y momento del día. (l. 1-7)

2 ¿Por qué discuten los miembros de esta familia?

3 ¿Qué tipo de noticias da el telediario? (l. 12-15)

4 Y tú, ¿discutes en casa por la televisión?

ABC...

la televisión, la tele: *la télévision, la télé*
el telediario: *le journal télévisé*
las noticias: *les nouvelles*
el canal: *la chaîne*

a mediodía: *à midi*

conversar: *discuter*
discutir: *se disputer*

Básico

L'IMPARFAIT DE L'INDICATIF

Hablar	Comer	Vivir
habl**aba**	com**ía**	viv**ía**
habl**abas**	com**ías**	viv**ías**
habl**aba**	com**ía**	viv**ía**
habl**ábamos**	com**íamos**	viv**íamos**
habl**abais**	com**íais**	viv**íais**
habl**aban**	com**ían**	viv**ían**

Il n'y a que deux irréguliers à l'imparfait : **ir** et **ser**.

Ir	Ser
iba	**era**
ibas	**eras**
iba	**era**
íbamos	**éramos**
ibais	**erais**
iban	**eran**

LE SUPERLATIF RELATIF

Attention à la place de l'article.
*Esta manzana es **la más colorada** del frutero.*
*Es **la** manzana **más colorada** del frutero.*

¿QUÉ PELÍCULA VEMOS ESTA NOCHE?

22.00 T-5 **El hombre que susurraba a los caballos****

T **Drama EEUU. 1998. 169 m. Dir.:** Robert Redford

Grace McLean es una niña de once años que se entrena como amazona y que, una fría mañana, sufre un terrible accidente montando a su caballo Pilgrim. A partir de entonces queda afectada psíquica y psicológicamente, pero también el caballo queda dañado, y la madre de la niña entiende que si quiere cuidar y ayudar a su hija, antes tiene que curar al caballo.

AMOR	VIOLENCIA	HUMOR	SEXO
●●●			

22.00 C+ **El exorcista (el montaje del director)******

+18 **Terror EEUU. 2000. 106 m. Dir.:** William Friedkin.

En un barrio tranquilo, en una casa con todas las comodidades modernas, una joven e inocente muchacha se siente mal. Su madre no puede ayudarla. Los médicos le hacen pruebas e intentan tratarla en vano. Está desesperada, tras las infructuosas investigaciones del veterano policía que trata de ayudarla y teme que el mal rebase lo físico y afecte a lo espiritual.

AMOR	VIOLENCIA	HUMOR	SEXO
	●●●		

23.15 La 2 **Las huellas borradas*****

T **Drama ESP. 1999. 95 m. Dir.:** Enrique Gabriel. **Int.:** Federico Luppi, Mercedes Sampietro

Tras muchos años en Argentina, Manuel regresa a su pueblo natal, Higueras, en la provincia de León. La pequeña localidad va a ser cubierta por las aguas de un pantano y todo se está desmantelando para la ocasión, incluso el entramado de amigos y familia que dejó tiempo atrás. Además, Manuel ha regresado para recuperar el amor de su antigua novia.

AMOR	VIOLENCIA	HUMOR	SEXO
●●		●	

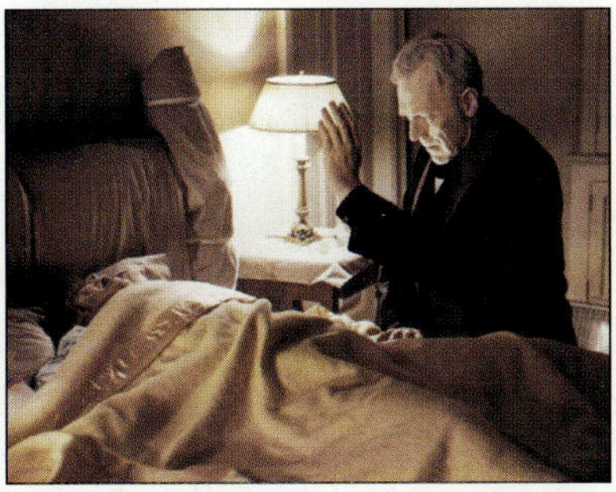

T Todos los públicos +13 Mayores de 13 años +18 Mayores de 18 años
●●● MUCHO ●● BASTANTE ● POCO **** Obra maestra *** Muy Buena ** Buena * Regular

Revista *Tele Indiscreta*, 20 de octubre de 2002.

1 Elige una película y lee el resumen en voz alta.

2 Preséntala.
- ¿A qué hora y en qué canal la dan?
- ¿Es apta para todos los públicos?
- ¿De qué nacionalidad es?
- ¿De qué año?
- ¿Qué calificación tiene?
- Precisa los temas que dominan (amor, humor ...).

3 ¿Por qué la has elegido? Debate con un compañero que ha elegido otra.

Practica

1. Complète ces phrases, à l'imparfait.

a. Antes, cuando no había televisión ...
b. Antes, cuando no existía el telediario ...
c. Antes, cuando no teníamos tantos canales ...

2. Formule des interdictions à la deuxième personne du singulier.

a. ¡No (comer) con la boca abierta!
b. ¡No (escuchar) esta noticia!
c. ¡No (sentarse) en el sofá!

3. À partir du tableau, rédige quatre phrases.

Exemple : *Es el profesor más simpático del colegio.*

el profesor	verde	el barrio
el jugador	triste	el equipo
el perro	feroz	**el colegio**
la manzana	alto	el día
la noticia	**simpático**	el frutero

4 | 1 Érase una vez ...

EL MUNDO AL REVÉS

Escobar (español), *Zipi y Zape, ¡Vaya par de gemelos!*, 2000.

Raúl y Quico eran dos chicos de la misma edad, unos diez años, vecinos, compañeros de colegio y muy amigos. Sólo había entre ellos una pequeña diferencia: Raúl siempre sacaba unas notas magníficas y Quico no progresaba.

Eso no significaba que Quico fuera tonto, qué va[1]. Quico, por ejemplo, sabía muchísimo de la vida de los animales, no dejaba de observar las hormigas, los gatos, los pájaros [...]. Raúl, en cambio, era un lince para las matemáticas y la historia. Ellos no tenían ningún problema, se entendían de maravilla. Pero los mayores, ya se sabe cómo son, siempre hacían comparaciones en las que Quico salía perdiendo. «A ver si estudias como Raúl», le decían los profesores. «Podrías ser tan listo como tu vecino», machacaban sus padres.

Así pasó todo el curso hasta que un viernes, cuando volvían a casa, la vida de ambos[2] cambió para siempre.

Pasó algo alucinante, sorprendente. Un platillo volador[3] los estaba esperando en la panadería de la esquina, y fueron secuestrados[4] en un segundo, sin tiempo de reaccionar. Los inreveses, que venían del planeta Inrevés, se los llevaron sin dejar huella[5]...

V. Bermejo y M. Gallardo (españoles), *Cuentos para contar en un minuto*, 2001.

1. *pas du tout!* **2.** *les deux* **3.** *une soucoupe volante* **4.** *enlevés* **5.** *sans laisser de trace*

1 ¿En qué se parecen los dos amigos?

2 ¿Crees que es más tonto Quico que Raúl?

3 ¿Qué opinan los mayores de cada uno de ellos?

4 Explica lo que pasó un día.

5 En el planeta Inrevés, todo está al revés. Imagina la nueva vida de los dos chicos.

ABC...

tonto: *bête*
listo: *intelligent*
ser un lince: *être très malin, « une bête »*

la clase: *le cours*
el curso: *le niveau, la classe, l'année scolaire*
el aula: *la salle de cours*

Básico

LE PASSÉ SIMPLE DES VERBES RÉGULIERS

Hablar	Comer	Vivir
habl**é**	com**í**	viv**í**
habl**aste**	com**iste**	viv**iste**
habl**ó**	com**ió**	viv**ió**
habl**amos**	com**imos**	viv**imos**
habl**asteis**	com**isteis**	viv**isteis**
habl**aron**	com**ieron**	viv**ieron**

LOBITO BUENO

Cartel en los vagones del metro (Madrid).

1 En los cuentos, ¿cómo son los lobos? ¿Qué observas en este poema?

2 Fíjate en los dibujos y presenta a los otros personajes de esta historia.

3 Este cartel se encuentra en los vagones del metro de Madrid. ¿Cuál es su objetivo?
En mi opinión, este cartel es para que …

ABC...

érase una vez: *il était une fois…*
el cordero: *l'agneau*
bueno: *gentil*
malo: *méchant*
honrado: *honnête*
al revés: *à l'envers*

Practica

1. Mets ce récit au passé simple.
Cuando llegan al nuevo planeta, todo cambia para Quico y Raúl: viven en un mundo al revés. En la escuela, Quico saca buenas notas mientras que Raúl suspende en las asignaturas importantes.

2. Mets les phrases au passé, en alternant imparfait et passé simple comme dans le modèle.
Un día, cuando volvían a casa, la vida de ambos cambió para siempre.
a. Un día, cuando están en clase, llegan los extraterrestres.
b. Un día, cuando van a merendar, un OVNI secuestra a los dos amigos.
c. Un día, cuando juegan en el patio, sucede algo extrañísimo.

3. Imagina un mundo al revés. Redacta un párrafo inspirado en el poema (página 93): «Érase una vez …» (utiliza imperfectos).

4|1 En portada
Descubre América

Los nombres de América

Para los geógrafos, existen tres Américas:
- América del Norte (Canadá, Estados Unidos y México hasta el Ismo de Tehuantepec);
- América Central (desde Tehuantepec hasta el canal de Panamá, incluyendo las Antillas);
- América del Sur (desde Panamá hasta Tierra del Fuego, en Argentina).

Idiomas y pueblos

Hablan español ...

... en Argentina.

El español es la lengua oficial de 19 países de América y de varios estados de los Estados Unidos. 315 millones de habitantes del continente americano son hispano-hablantes, y hay que añadir a esa cifra los 34 millones que lo hablan en Estados Unidos. También se hablan en América: inglés (EEUU y Canadá mayormente), portugués (Brasil) y francés (Antillas, Guayana y Haití). Son oficiales (junto con el español) dos lenguas indígenas: el quechua en el Perú y el guaraní en Paraguay.
El español de España y el de América Latina son el mismo idioma, aunque existen a veces algunas diferencias en el vocabulario.

... en los Estados Unidos.

... en Cuba.

... en Guatemala.

Productos americanos

Morris y Goscinny, *La escolta.*

El maíz

Antes de Cristóbal Colón, en América no se conocía el trigo: el cereal americano es **el maíz**, origen de la vida y de los hombres en muchos mitos indígenas. Todavía hoy se come poco pan en los países latinoamericanos: en México por ejemplo, la base de la alimentación es la tortilla de maíz.

Patata, tomate...

La patata es americana, como **el tomate**, **el aguacate** y otros muchos productos terminados en *ate* (*-atl* en náhuatl, la lengua de los aztecas de México). Entre ellos, uno de los más famosos es **el chocolate** (xocolatl).
Derivado del cacao, el chocolate es naturalmente amargo, y para transformarlo en postre hay que añadirle azúcar. Los mexicanos lo usan para una salsa (el mole) que acompaña el pollo.

El Chile

Otro condimento típico de la cocina hispanoamericana es **el chile**, que se utiliza en varias salsas muy picantes, como el tabasco.

Los nombres de América

1. ¿Cuántas Américas hay?
2. Los países que hablan español, ¿están todos en América del Sur?
3. ¿En qué América están? Consulta los mapas de tu libro y sitúa estos países: Honduras, Venezuela, El Salvador, Panamá, Paraguay, Cuba, Guatemala, Colombia.
4. ¿Qué mares bañan los siguientes países? Chile, México, Costa Rica, Argentina.

Idiomas y pueblos

1. Busca en un mapa y di el nombre de los 19 países donde el español es la lengua oficial.
2. ¿Cuál es la lengua oficial en Brasil, en los Estados Unidos, en el Perú y en Paraguay?
3. Observa a las personas fotografiadas.
   - ¿En qué país latinoamericano hay más población india?
   - ¿En cuál de ellos hay más personas de origen africano?
   - ¿En cuál hay más población de origen europeo?

Productos americanos

1. ¿Se come mucho pan en México?
2. ¿Qué tienen en común el aguacate, el tomate y el chocolate?
3. Los europeos dicen que la comida latinoamericana es muy picante. ¿Por qué?
4. Cuenta por escrito lo que le pasa a Billy el Niño.

Para Ayudarte

la cárcel: *la prison*
los barrotes: *les barreaux*
derretir: *faire fondre*
escaparse: *s'échapper*

Bilan

L'imparfait de l'indicatif

- Les verbes en -**ar** ont des terminaisons en -**aba** (accent sur -**ábamos**).
- Les verbes en -**er** et en -**ir** ont des terminaisons en -**ía** (le -**í** est toujours accentué).

Les trois modèles réguliers			Les deux verbes irréguliers	
Hablar	Comer	Vivir	Ir	Ser
habl**aba** habl**abas** habl**aba** habl**ábamos** habl**abais** habl**aban**	com**ía** com**ías** com**ía** com**íamos** com**íais** com**ían**	viv**ía** viv**ías** viv**ía** viv**íamos** viv**íais** viv**ían**	**iba** **ibas** **iba** **íbamos** **ibais** **iban**	**era** **eras** **era** **éramos** **erais** **eran**

Rédige des phrases à l'imparfait.
Los aztecas … (ser los habitantes de México / no vivir en América del Sur / no comer pan / cultivar el maíz / consumir el chocolate / tener un idioma llamado náhuatl)

Le passé simple des verbes réguliers

Les verbes réguliers au passé simple ont un accent tonique à la première et à la troisième personne du singulier : *habl**é**, habl**ó** / com**í**, com**ió***.

Hablar	Comer	Vivir
habl**é** habl**aste** habl**ó** habl**amos** habl**asteis** habl**aron**	com**í** com**iste** com**ió** com**imos** com**isteis** com**ieron**	viv**í** viv**iste** viv**ió** viv**imos** viv**isteis** viv**ieron**

Cherche la forme qui manque et ordonne ces trois conjugaisons.
a. pensó / pensamos / pensaron / pensasteis / pensaste
b. volvieron / volviste / volví / volvimos / volvisteis
c. trabajó / trabajé / trabajasteis / trabajaste / trabajamos

Quelques valeurs des temps du passé

- L'imparfait exprime un état ou une habitude passée.
*Los incas **eran** los habitantes del Perú. / Cuando era niño, **lloraba** mucho.*
- Une action («volvían») est coupée par une autre («llegaron») : la première est à l'imparfait, la seconde au passé simple.
*Un día, cuando **volvían** del cole, **llegaron** los extraterrestres.*
Un jour, quand ils revenaient du collège, les extra-terrestres arrivèrent.
- L'espagnol emploie le passé simple pour parler d'un événement passé sans conséquences sur le présent. Dans la langue parlée, le français utilise ici souvent le passé composé.
*La semana pasada, **fui** al cine.* La semaine dernière, je suis allé au cinéma.

Repère les verbes dans ces phrases. Justifie l'emploi des temps.
a. El año pasado, suspendí matemáticas tres veces.
b. El año pasado, iba a la escuela en bicicleta.
c. El lunes pasado, llegué tarde a clase.
d. El lunes pasado, cuando iba a clase, vi un accidente.
e. Ayer, me levanté a las siete.
f. Ayer, cuando me levantaba, oí un ruido en la calle.

1 Comprensión oral

Vamos a contar mentiras

Ahora que vamos despacio,
vamos a contar mentiras, tralará,
vamos a contar mentiras.

Por el mar corren las liebres,
por el monte las sardinas, tralará.

Salí de mi campamento,
con hambre de seis semanas, tralará.
Me encontré con un ciruelo
cargadito de … .

Empecé a tirarle piedras
y caían … .
Con el ruido de …
salió el amo del peral.

Chiquillo, no tires piedras,
que no es mío el melonar.

(canción popular)

1 Justifica el título de esta canción.

2 Escucha y completa las estrofas con el nombre de una fruta.
Canta la canción completa.

2 Aprende a usar el diccionario

Lis le texte et traduis-le, en t'aidant de l'extrait de dictionnaire. Attention : un même mot peut avoir des sens très différents. À toi de choisir celui qui convient.

Joaquín y Abel

Durante los estudios del bachillerato*, Joaquín era el empollón, el primero en las aulas, y Abel el primero fuera de ellas, en el patio del Instituto*, en la calle, en los novillos*, entre los compañeros. Abel era el que hacía reír con sus gracias*, y sobre todo, obtenía triunfos* con las caricaturas de los catedráticos* que hacía. «Joaquín es mucho más aplicado, pero Abel es más listo*…»

Miguel de Unamuno (español), *Abel Sánchez*, 1917.

Mini-diccionario

Bachillerato ◆ m. Baccalauréat // Études secondaires : *está haciendo el bachillerato*, il est en train de faire ses études secondaires.
Catedrático, a ◆ Professeur.
Gracia ◆ f. Grâce, faveur : *conceder una gracia*, accorder une faveur // Charme : *no es guapa pero tiene cierta gracia*, elle n'est pas belle mais elle a un certain charme // Plaisanterie : *siempre está diciendo gracias*, il fait toujours des plaisanteries.
Instituto ◆ m. Institut : *instituto de belleza*, institut de beauté. // Lycée.
Listo, a ◆ adj. Malin, igne : *ser más listo que el hambre*, être malin comme un singe. // Prêt, e : *estoy lista*, je suis prête.
Novillo ◆ m. Jeune taureau // *Hacer novillos* : faire l'école buissonnière, « sécher les cours » (fam.).
Triunfo ◆ m. Triomphe : *obtener un triunfo*, remporter un triomphe, un grand succès // Atout (dans un jeu de cartes).

m. indique que le mot est masculin dans la langue considérée ; f. signifie féminin.
// signe qui sépare les différents sens du mot.
adj. signifie adjectif.
fam. signifie familier.

¿QUIÉN LLEVA AL NIÑO?

Salas de cine en Barcelona.

Un domingo de finales de septiembre, daban función de títeres[1] en el Teatro Principal. Mamá y Papá estaban en Madrid. Fuencisla había quedado[2] en ir a ayudar a Ramón a poner un poco de orden en su casa, y Lola dijo que ella estaba aburrida[3] de títeres.

- Y, entonces, ¿quién lleva a Baltita? – preguntó Fuencisla. Tu madre prometió llevarlo. Y el niño tiene ilusión, angelito mío, nunca ha ido al teatro.

- A mí que me registren[4], – dijo Lola. Hoy ponen *Taxi driver*, y voy con los de mi pandi[5]. Mañana ya la quitan[6].

- No es apta para menores, – dijo Fuencisla.

- Ay, por Dios, Fuencisla, – ¡qué antigua eres[7]! Nos estamos colando siempre. Yo me pinto los labios y me meto hombreras[8] debajo de la blusa por delante. Además, el que corta las entradas es amigo.

Carmen Martín Gaite (española), *Los parentescos*, 2001.

1. *marionnettes* **2.** *s'était engagée* **3.** *elle en avait assez* **4.** *je m'en moque* **5.** *diminutif de* pandilla **6.** *on l'enlève* **7.** *que tu es vieux jeu !* **8.** *des épaulettes*

1 ¿Quién es Baltita, y adónde quiere ir?

2 Explica por qué es un problema.

3 ¿Cómo reacciona Lola?

4 Trata de imaginar a Lola: su edad, su carácter.

ABC...

el cine: *le cinéma*
una película: *un film*
la entrada: *l'entrée*
colarse *(diphtongue* : ue*)*: *resquiller*
mayor / menor de edad: *majeur, mineur*
rebelde: *rebelle*

Archívalo

Además *(de plus)*
A Lola no le gusta el teatro y **además** ha quedado con su pandilla.

Básico

L'EXCLAMATION : *CUÁNTO(S), CUÁNTA(S), QUÉ*

Attention : dans l'exclamation, le verbe précède le sujet.

Rosita lo quiere mucho.
➜ *¡**Cuánto** lo quiere Rosita!*
Lola tiene muchas amigas.
➜ *¡**Cuántas** amigas tiene Lola!*
*Fuencisla es **muy** antigua.*
➜ *¡**Qué** antigua es Fuencisla!*

UN PASSÉ SIMPLE IRRÉGULIER

Decir
dije dijiste dijo dijimos dijisteis dijeron

BUSCANDO MARIDO

Representación de *Los títeres de Cachiporra* por el Taller de Teatro de la Inter-Metro (Puerto Rico).

Padre - Hija mía, ¡felicidad completa! ¡Acabo de concertar tu boda!
Rosita - ¡Cuánto te lo agradezco[1], y Cocoliche cuánto te lo agradecerá! Ahora mismo…
Padre - ¡Qué Cocoliche ni qué niño muerto! ¿Qué estás diciendo? Yo he dado tu mano a don Cristobita el de la porra[2], que acaba de pasar en su carroza por ahí.
Rosita - Pero no quiero, no quiero, ¡ea! […] Yo tenía novio…
Padre - Pues no hay más remedio[3]. Ese hombre tiene mucho oro y a mí me conviene, porque si no, mañana tendríamos que pedir limosna[4].
Rosita - Pues pedimos.
Padre - Aquí mando yo, que soy el padre. Lo dicho, dicho. […] No hay que hablar más.
Rosita - Es que yo…
Padre - ¡Silencio!
Rosita - Pues a mí…
Padre - ¡Chitón[5]! *(Se va.)*

Federico García Lorca (español), *Los títeres de Cachiporra*, 1936.

1. *je t'en remercie* **2.** *le gourdin* **3.** *il n'y a pas d'autre solution* **4.** *l'aumône* **5.** *Chut !*

1 ¿Quiénes hablan? ¿Quiénes son Cristobita y Cocoliche?

2 Rosita, al principio, está feliz. Explica por qué. (l. 1-4)

3 ¿De quién estaba enamorada Rosita?

4 ¿Por qué discute con su padre?

5 El padre es muy autoritario: muéstralo.

ABC…

la boda: *le mariage*
casarse: *se marier*
la felicidad: *le bonheur*

mandar: *commander*
la autoridad: *l'autorité*

Practica

1. Remets dans l'ordre ces exclamations.
a. ¡es - el padre - qué - autoritario!
b. ¡dinero - tiene - don Cristobita - cuánto!
c. ¡pena - cuánta - Rosita - tiene!
d. ¡qué - Cocoliche - está - triste!

2. Tu as vu *Los títeres de Cachiporra*. Raconte la scène en utilisant le passé simple ou l'imparfait.
El padre llega diciendo que acaba de concertar la boda. Rosita dice que está muy agradecida y que se lo va a anunciar a Cocoliche. Pero el padre le corta la palabra: el futuro marido no es Cocoliche sino don Cristobita.

3. Representación en clase.
- Dividid el texto en cuatro fragmentos: l. 1-4 / l. 5-8 / l. 9-12 / l. 13-18.
- Leedlo por parejas con la entonación correcta.

Una película, una actriz

«ME ENCANTARÍA SER COMO PENÉLOPE CRUZ»

Nacida en 1990 en Madrid, Clara Lago es la protagonista de El viaje de Carol, *dirigida por Imanol Uribe.*

Salió[1] en todos los periódicos. Imanol Uribe buscaba desesperadamente a la protagonista de su próxima película. Clara siguió la noticia. Leyó que la niña tenía que ser rubia, con los ojos azules y que además debía hablar inglés perfectamente. Ella tiene los ojos negros, el pelo oscuro[2] y su inglés no es perfecto, así que pensó: o sea, no soy yo. Sin embargo, una semana más tarde se encontró[3] delante de Uribe haciendo la prueba de *casting* junto a Juan José Ballesta, su compañero de reparto[4]. Lo hizo bien. Pero Uribe no hacía más que mirarla y suspirar: «¡Es que eres tan española!» «¡Pues me tiño[5] el pelo y me pongo lentillas azules!»

«Niños de cine», *El País Semanal*, 11 de agosto de 2002.

1. *la nouvelle est sortie* **2.** *sombre* **3.** *se retrouva* **4.** *distribution* **5.** *je me teins* (teñirse)

Los dos actores de la película.

1 **Presenta a Clara Lago: di todo lo que sabes de ella.**

2 **Explica quién es Imanol Uribe y qué tipo de actriz buscaba.**

3 **¿Cómo consiguió el papel la chica?**
No fue nada fácil ya que …
Pero, durante el casting, …
Como el director dudaba, Clara dijo que podía …

ABC…

el actor, la actriz: *l'acteur, l'actrice*
un papel: *un rôle*
el (la) protagonista: *le héros, l'héroïne (au cinéma)*
actuar: *jouer (au cinéma ou au théâtre)*
el director: *le metteur en scène*

moreno(a): *brun(e)*
rubio(a): *blond(e)*
pelirrojo(a): *roux, rousse*

Archívalo

A pesar de *(malgré)*
Clara no correspondía al perfil de la actriz, pero **a pesar de** eso consiguió el papel.

Básico

DEUX PASSÉS SIMPLES IRRÉGULIERS

Leer (deux voyelles consécutives)	Hacer (non accentué)
leí	hice
leíste	hiciste
leyó	hizo
leímos	hicimos
leísteis	hicisteis
leyeron	hicieron

LA RESTRICTION : « NE … QUE »

En un casting hay ***sólo*** *un elegido.*
En un casting hay ***solamente*** *un elegido.*
En un casting ***no*** *hay* ***más que*** *un elegido.*

LA TRADUCTION DE « VOICI »

Este *es mi padre,* ***esta*** *es mi madre.*
Voici mon père, voici ma mère.
Estos *son mis hermanos,* ***estas*** *son mis primas.*
Voici mes frères, voici mes cousines.

ACTUANDO

Storyboard de *El viaje de Carol.*

Carol (Clara Lago), una adolescente de madre española y padre norteamericano, viaja por primera vez a España en la primavera de 1938. Ahí conoce a Tomiche.

- Este es mi padre. La foto nos la hicieron en Long Island.
- ¿Tu padre es piloto de aviones de verdad?
- Claro, piloto comercial. Aunque ahora está en la guerra.
- ¿Por qué llevas ese cuaderno[1] a todas partes[2]?
- Es mi diario. Aquí escribo todo lo que me pasa.
- ¿Has escrito sobre mí?
- Claro.
- ¿Lo puedo ver? *(la chica le da el cuaderno)* ¡Pero si está en inglés! *(la chica se ríe)*
- Anda, trae[3] *(lee y traduce)*. «Tomiche es un poco bruto. Pero a mí me gusta. Y estoy esperando a que se atreva[4] a darme un beso.»

Guión de *El viaje de Carol*, película de Imanol Uribe (español), 2002.

1. *cahier* 2. *partout* 3. *allez, donne* 4. *qu'il ose*

1 Explica los papeles de Clara Lago y Juanjo Ballesta en la película.

2 La chica está muy orgullosa de su padre. Muéstralo.

3 ¿Qué hay en el cuaderno de la chica? Explica la reacción de Tomiche.

4 Compara esta escena con el texto *Tengo una sorpresa* (p. 73).

Practica

1. Mets ces phrases à la troisième personne du singulier.
Nunca creí que Imanol Uribe me iba a elegir. Cuando leí en la prensa que se buscaba a una chica rubia de ojos azules, pensé que el papel no era para mí. Pero lo hice muy bien en el *casting*, ¡y así triunfé!

2. Remplace le mot souligné par une tournure équivalente.
a. Tomiche habla solamente español.
b. La protagonista tiene solamente trece años.
c. Clara quiere solamente un beso.

3. Introduis une formule de présentation :
Es mi padre → **Este** es mi padre.
a. Es mi película preferida.
b. Es mi novio.
c. Son los papeles que tenéis que aprender.
d. Son las dos protagonistas de la película.

4. Traduis le texte p. 100 jusqu'à «perfectamente».

Abre los ojos

Concierto en el mercado

Herman Braun-Vega (peruano), *Concierto en el mercado*, 1997.

Diego Velázquez (español), *Las Meninas*, 1656.

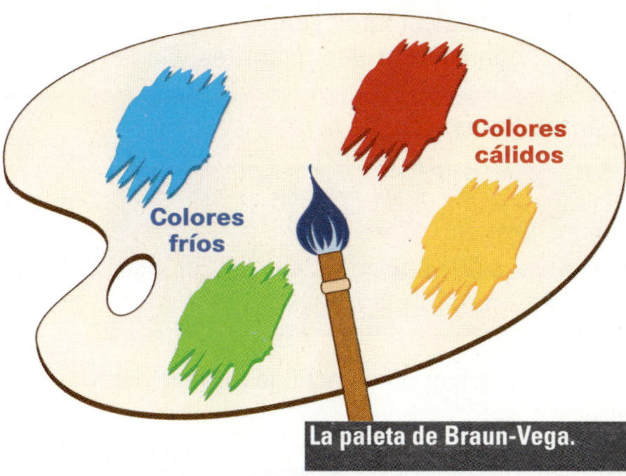

La paleta de Braun-Vega.

Comenta el cuadro, organizando tus observaciones.

1 Muestra que es una escena cotidiana.
- ¿Cómo se ve que estamos en un mercado?
- ¿Qué está haciendo el carnicero?
- Describe el grupo de los músicos.

2 Muestra la originalidad del cuadro.
- ¿Qué personaje te llama más la atención en *Concierto en el mercado*?
- ¿Te extraña su presencia aquí? Explica por qué.

3 Expresa tu impresión personal.
- Braun-Vega ha querido comunicar una impresión de alegría. ¿Te parece que lo ha conseguido? Justifica tu opinión con elementos del cuadro.
- Entre el cuadro de Braun-Vega y el de Velázquez, ¿con cuál te quedas?

Método

PINTURA: LA LUZ Y LOS COLORES

La luz

En el cuadro de Braun Vega, la luz viene de …
En cambio, en el cuadro de Velázquez, …

Los colores

En *Concierto en el mercado*, el artista ha utilizado los colores más cálidos para …
En cambio, se sirve de los colores más fríos para …
El resultado es que hay grandes contrastes. Por ejemplo entre …

¿Quién es… HERMAN BRAUN-VEGA?

Pintor peruano que reside y trabaja en París desde hace 30 años.
En sus cuadros se mezclan con originalidad y sentido del humor grandes obras clásicas y elementos sacados de la vida cotidiana y contemporánea.

Herman Braun-Vega (Lima 1933)

Bilan

Quelques passés simples irréguliers

■ Un certain nombre de verbes ont un passé simple irrégulier. Dans la conjugaison de ces verbes, l'accent tonique est toujours sur l'avant-dernière syllabe : **le passé simple irrégulier ne porte donc jamais l'accent écrit.**
Voici deux exemples : **decir** et **hacer**.

Decir	Hacer
dije	hice
dijiste	hiciste
dijo	hizo
dijimos	hicimos
dijisteis	hicisteis
dijeron	hicieron

■ Une autre irrégularité concerne les verbes qui comportent deux voyelles consécutives, comme : **le-er, ca-er, o-ír, constru-ir**. À la troisième personne du singulier et du pluriel, un **-y** s'intercale entre les deux voyelles.
Voici deux exemples : **leer** et **oír**.

Leer	Oír
leí	oí
leíste	oíste
leyó	oyó
leímos	oímos
leísteis	oísteis
leyeron	oyeron

1. Conjugue le verbe *caer* (tomber) au passé simple.
2. Réponds négativement, au passé simple, en suivant le modèle.
¿Ya cenaste? **No, todavía no cené.**
a. ¿Ya comiste? No, ...
b. ¿Ya hiciste la tarea? No, ...
c. ¿Ya viste esta película? No, ...
d. ¿Ya leíste el último Harry Potter? No, ...

L'exclamation

■ **¡Qué ... !** fait porter l'exclamation sur la qualité. On l'emploie devant un adjectif ou un nom.
¡Qué coche! Quelle voiture! / ***¡Qué inteligente!*** Comme c'est intelligent!
■ **¡Cuánto ... ! ¡Cuánto(s) ... !** ou **¡Cuánta(s) ... !** considèrent des quantités. On les emploie devant un verbe ou devant un nom.
¡Cuánto come! Qu'est-ce qu'il mange ! / ***¡Cuántos libros!*** Que de livres !

Exprime une exclamation.
a. Este hombre trabaja 50 horas por semana. ¡ ... trabaja!
b. Estos atletas corren los 100 metros lisos en menos de 10 segundos. ¡ ... rápidos!
c. Este año, el manzano ha producido 40 kilos de fruta. ¡ ... manzanas!

■ Quand l'exclamation **¡Qué ... !** porte à la fois sur un nom et un adjectif, la formule est : ¡**Qué** + nom / **más** + adjectif !
*¡**Qué** cosas **más** raras!*
*¡**Qué** chica **más** rebelde!*
■ Quand l'exclamation porte sur une phrase contenant un verbe et un sujet, l'ordre des mots est le suivant :
- ¡**Qué** + nom ou adjectif / verbe / sujet!
¡Qué lista es esta chica!
- ¡**Cuánto(s), cuánta(s)** + nom / verbe / sujet!
¡Cuánto trabajo tienen los alumnos!

Remets dans l'ordre.
a. ¡más / qué / carácter / rebelde!
b. ¡película / más / qué / bonita!
c. ¡divertidos / qué / los títeres / son!
d. ¡películas / Penélope Cruz / cuántas / ha rodado!
e. ¡cuesta / cuánto / ir al cine!
f. ¡hay / gente / cuánta / en la playa!

1 Comprensión oral

¿Te apetece salir?

1 ¿Dónde transcurre la escena? Explica la situación.

2 Explica las tres invitaciones del chico y la reacción de la chica.
- Primero ... - Entonces ... - Por fin ...

3 ¿A qué invitación contesta: «Lo siento»?

4 ¿A qué invitación contesta: «¡Ni hablar!»?

5 ¿Cuál es el nombre del chico? Explica lo que pasa al final.

Para Ayudarte

Pour inviter quelqu'un
¿Te apetece ... ?
¿Qué tal si ... ?

Pour accepter
¡Vale!
¡De acuerdo!

Pour refuser
Poliment: Lo siento, gracias.
Sèchement: ¡Ni hablar!

2 Taller de lectura

El televisor y la lavadora

Le dice el televisor
A la humilde lavadora:
«Yo soy el amo[1] y el señor,
y tú una vil ....

Tu función en esta casa
es lavar..........................
¡Qué degradante minucia[2]!,
y yo cuento lo que pasa

y renuevo la ilusión
de mayores y ....
Soy la fábrica de sueños,
el dueño de la mansión[3].»

«Tu tarea es un trasunto[4]
degradado de la mía:
en agua ....
yo lavo la ropa y punto»,

la lavadora replica,
«y tú que tantos requiebros[5]
a sí misma se dedica,
tú, les lavas ....

Carlo Frabetti, *Fábulas de hoy*, 2001.

1. *le maître* 2. *détail* 3. *le maître de la maison* 4. *une copie* 5. *compliments*

1 Observando las rimas, completa la fábula con las siguientes palabras:
- *caliente o fría,*
- *los cerebros.*
- *la ropa sucia,*
- *pequeños.*
- *servidora.*

2 Explica en una frase lo que le reprocha la lavadora al televisor.

4 | 3 México lindo

UNA LEYENDA AZTECA

Jesús de la Helguera (mexicano), *La leyenda de los volcanes*, 1941.

Cuenta la leyenda que Iztaccíhuatl era una princesa azteca que estaba enamorada de un valiente[1] guerrero llamado Popocatépetl.

Él tuvo que ir a la guerra en contra de una tribu vecina. La princesa Iztaccíhuatl estaba triste por la partida[2] de su amor y lo esperó amargamente, hasta que un día el emperador recibió la noticia de que Popocatépetl había muerto en la guerra. Iztaccíhuatl, al enterarse de[3] la noticia, lloró a más no poder y murió de tristeza.

Al regresar el ejército de la guerra, regresó Popocatépetl triunfante pues la noticia había sido equivocada[4] y el muerto en combate no fue él, sino otro guerrero. Al enterarse de la noticia fue a buscar el cuerpo sin vida de su amada, la tomó en brazos y la llevó a lo más alto de la colina, donde dejó su cuerpo recostado[5], y él fue a arrojarse[6] a un volcán vecino. La nieve cubrió la colina y dejó formada para siempre la figura de la princesa.

Leyenda azteca.

1. *courageux* **2.** *le départ* **3.** *en apprenant* **4.** *fausse* **5.** *couché* **6.** *se jeter*

1 **Según la leyenda, ¿quiénes eran Iztaccíhuatl y Popocatépetl?**

2 **Un día, ¿qué tuvo que hacer Popocatépetl?**

3 **Explica por qué murió Iztaccíhuatl.**

4 **¿Había muerto de verdad el guerrero?**

5 **Explica por qué el volcán Iztaccíhuatl tiene forma de mujer.**

ABC...

el guerrero: *le guerrier*
el ejército: *l'armée*
el emperador: *l'empereur*
la princesa: *la princesse*

parecerse a: *ressembler à*
la figura: *la silhouette*
el cuerpo: *le corps*
la forma: *la forme*

Básico

LES PASSÉS SIMPLES FORTS

Tener	Ser et Ir (même conjugaison)
tuve	fui
tuviste	fuiste
tuvo	fue
tuvimos	fuimos
tuvisteis	fuisteis
tuvieron	fueron

LA SIMULTANÉITÉ

• **Al + infinitif = cuando + verbe conjugué**

***Al enterarse** de la noticia, lloró.*
Quand elle apprit la nouvelle, elle pleura.
En apprenant la nouvelle, elle pleura.

« MAIS » DANS UNE PHRASE NÉGATIVE

• **No … sino …**

*El muerto **no** fue él **sino** otro.*

UN PAÍS, MIL MUNDOS

1 Observa la fotografía: ¿qué aspectos de México pone de relieve?

2 ¿Quién habla en esta publicidad?

3 Explica lo que hizo durante sus vacaciones en México.

Practica

1. **Mets le texte au présent depuis «Al enterarse…» (l. 12) jusqu'à la fin.**

2. **Remplace « al + infinitif » par « cuando + verbe conjugué ».**
Al enterarse de la noticia, lloró. → Cuando se enteró de la noticia, lloró.
a. Al regresar de la guerra, recibió la triste noticia.
b. Al descubrir que la princesa había muerto, se arrojó al volcán.
c. Al llegar a México, descubrí un país sorprendente.
d. Al ir a México, no pensé que me gustaría tanto.

3. **Relie les deux membres de phrase, en imitant le modèle.**
México es naturaleza y cultura.
→ México **no sólo** es naturaleza **sino también** cultura.
a. México tiene playas y monumentos fascinantes.
b. Los turistas de hoy buscan sol y aventura.
c. En México hay ciudades modernas y culturas indígenas.

4 | 3 Hemisferio sur

CORAL DE AÑO NUEVO

Patria, el verano cubre tu cuerpo dulce y duro.
Tal vez[1] hoy, a estas horas, llevas la verde túnica
que adoro, bosques, aguas, y en la cintura[2] el trigo[3].
Y junto al[4] mar, amada, patria marina, mueves
tu universo irisado de arenas y de ostras[5]:
¡Feliz año nuevo para mi patria [...]!

Pablo Neruda (chileno), *Canto general*, 1947.

1. *peut-être* **2.** *la taille* **3.** *le blé* **4.** *près de* **5.** *de sable et d'huîtres*

1 El poeta compara a su país con una persona. Muéstralo.

2 ¿En qué estación del año se celebra el Año Nuevo en Chile?

3 Observa la publicidad: ¿qué imagen de Chile pone de relieve?

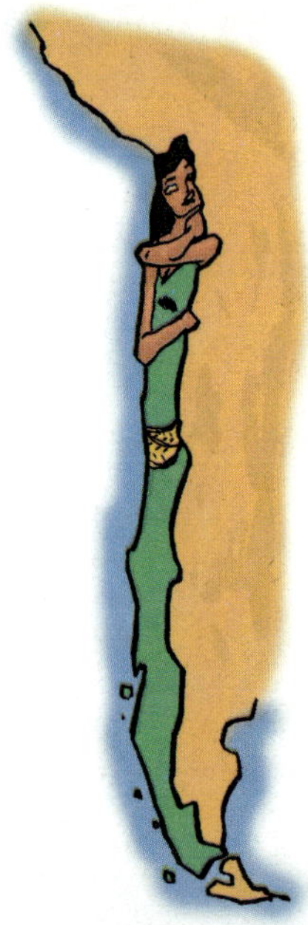

Chile es una mujer.

ABC...

el agua: *l'eau*
la arena: *le sable*
el mar: *la mer*

Básico

PASSÉS SIMPLES IRRÉGULIERS

Poder	Venir
pude	vine
pudiste	viniste
pudo	vino
pudimos	vinimos
pudisteis	vinisteis
pudieron	vinieron

LA PRÉPOSITION « PARA »

Elle indique :

- un but ;
*Un globo sirve **para volar**.*
- un point de vue ;
***Para mí**, son huellas de extraterrestres.*
- le destinataire d'une action.
*Escribo esta carta **para ti**.*

LAS LÍNEAS DE NAZCA

Los Nazcas vivieron en el Perú 500 años antes de Cristo.

En el Perú, a 400 kilómetros al sur de Lima y a 50 kilómetros de la costa del Pacífico, se extiende la meseta desértica de Nazca, cubierta de gran cantidad de dibujos y figuras geométricas que sólo pueden apreciarse desde el aire[1]. Hay marcas de tres tipos bien definidos: líneas rectas[2], en zigzag o dibujos espirales que pueden medir hasta 5 kilómetros de largo; figuras geométricas de gran tamaño que se parecen a las «pistas de aterrizaje»; representaciones de animales que sobrepasan frecuentemente los 150 metros de largo. ¿Cómo pudieron los nazcas trazar dibujos tan perfectos sin verlos? María Reiche afirmó que lo hicieron agrandando[3] maquetas. El norteamericano Jim Woodman, junto al aeronauta inglés Julian Nott, intentó probar[4] que los nazcas sabían fabricar globos[5] para supervisar el trazado de las figuras. Hipótesis osada pero más sensata[6] que la del suizo Erich von Daniken, para quien las «pistas» serían un aeropuerto para extraterrestres que vinieron a visitar nuestro planeta en el pasado…

Internet: www.ciudadfutura.com/enigmas/ciencia/nazca

1. *d'en haut* **2.** *droites* **3.** *en agrandissant* **4.** *a essayé de montrer* **5.** *des ballons* **6.** *sensée*

1 Explica qué son las líneas de Nazca.
He entendido que las líneas son …
Lo extraño (lo sorprendente, lo increíble) es que …

2 Desarrolla las tres hipótesis.
Para la arqueóloga alemana María Reiche, los nazcas pudieron hacerlas porque …
Un aeronauta inglés afirma que los nazcas eran capaces de …
Por fin, un experto suizo en temas paranormales afirma …

3 Y tú, ¿con quién estás de acuerdo?

El colibrí (150 metros).

ABC…

el dibujo: *le dessin*
el tamaño: *la taille*
el largo: *la longueur*

lo sorprendente: *ce qui est surprenant*
lo increíble: *ce qui est incroyable*
lo extraño: *ce qui est étrange*

Practica

1. Cherche dans le texte *Las líneas de Nazca* trois emplois de la préposition «para». Justifie-les.

2. Réponds négativement à ces questions, au passé simple.
a. ¿Pudiste ir a Chile este verano. *No, no …*
b. ¿Viniste solo al colegio?
c. ¿Hiciste todas tus tareas?

3. Relève tous les verbes du poème. Dis quel est leur sujet.

4. Associe chacun des mots suivants à une métaphore: *el mar / la vegetación / la ostra / los ríos.*
a. «La verde túnica de la patria» es …
b. «Las venas azules de la tierra» son …
c. «El amante de la arena» es …
d. «La casa de las perlas» es …

Taller de teatro

Vida de Lazarillo de

Adaptado de una novela anónima del siglo XVI.

Primeros pasos

1. Presenta a los personajes de esta historia.
2. ¿Qué le dijo el ciego a Lazarillo? ¿Qué hizo?
- *Le explicó que aquella piedra era …*
- *Y le dijo que si acercaba la cabeza …*
- *Pero cuando el niño acercó el oído …*
3. Para el ciego, ¿cuál es la moraleja de la historia?

Ensayo

Practica la entonación

Tono de tristeza

¡Adiós, hijo mío! ¡Adiós, Mamá!
¿Por qué es usted tan malo?

Tono de incredulidad

¿Mágica, señor? …
¿Una piedra que habla? …

Tono persuasivo

Venga, acerca la cabeza …
Más cerca, venga, así …

Trabajo en pareja

Primera parte del diálogo: escucha y completa lo que dice Lazarillo. Interpreta la escena con un compañero, siguiendo la entonación.

El ciego: Lázaro, ¡ven aquí!
Lazarillo: (…)
El ciego: ¿Ves este toro de piedra? ¿Lo ves bien, eh?… Pues no es un toro, es una piedra mágica.
Lazarillo: (…)
El ciego: Tss, parece pero no lo es. Está llena de voces, Lázaro. Voces de otro mundo: voces que te llaman, PSS, PSS, voces que gritan, ¡AAAAH!, voces que cantan, ¡TRALARAAA!, voces que silban, ¡CHIIST!…
Lazarillo: (…)

Interpretación

1. Inventa, con un compañero, otra escena entre Lazarillo y el ciego.
Por ejemplo, el ciego le invita a …
- sentarse en una silla con una pata rota;
- acostarse en una cama llena de piedras;
- comerse un postre hecho con salsa picante;
- bajar a una fuente en busca de monedas …
2. Confecciona los diálogos, imagina el tono y los gestos.
3. Apréndete tu papel de memoria y representa la escena.

Bilan

Autres passés simples irréguliers

■ Il existe quatorze passés simples irréguliers. Tu connais déjà **decir** et **hacer** : en voici cinq autres. Remarque : **ir** et **ser** ont la même forme.

Ser et Ir	Poder	Venir	Tener
fui fuiste fue fuimos fuisteis fueron	pude pudiste pudo pudimos pudisteis pudieron	vine viniste vino vinimos vinisteis vinieron	tuve tuviste tuvo tuvimos tuvisteis tuvieron

Dans le tableau, observe *poder*, *venir* et *tener*. Les trois passés simples irréguliers suivants ont les mêmes terminaisons. Complète leur conjugaison.
a. Estar: estuve, estuviste … b. Saber: supe, supiste … c. Querer: quise, quisiste …

Le superlatif relatif

■ « Le (la) plus », « le (la) moins » … se traduisent par **el (la) más, el (la) menos** …
C'est la plus grande. *Es la **más alta**.* / C'est le moins drôle. *Es **el menos divertido**.*
■ Mais avec un groupe nom + adjectif, l'article ne porte que sur le nom.
Le dauphin est l'animal le plus intelligent du monde. *El delfín es **el** animal **más inteligente** del mundo.*

Exprime ces « records du monde » avec un superlatif relatif.
a. México tiene veinte millones de habitantes: es una ciudad muy poblada.
b. El colibrí cubano pesa veinte gramos: es un pájaro muy ligero.
c. Las tortugas argentinas viven ciento cincuenta años: son animales muy longevos.

Les prépositions *para* et *por*

Para	Por
Hay que estudiar **para** progresar. (But)	Fue secuestrado **por** un platillo volador. (Celui qui agit, dans une forme passive)
Para mí, los extraterrestres existen. (Point de vue)	El tren pasa **por** Lima. (Le lieu par où l'on passe)
Este regalo es **para** ti. (Destinataire d'une action)	Escribe este poema **por** amor. (La cause d'une action)
Para mañana, **para** la semana que viene (Diverses locutions temporelles)	**Por** la mañana, **por** la tarde (Diverses locutions temporelles)

Complète avec *para* ou *por*. Justifie ta réponse.
a. ¿ … dónde pasas cuando vas al cole?
b. La videoconsola es … mí y el balón … mi hermano.
c. El profe quiere la tarea … esta tarde.
d. Hay que tomar el avión … ir a Chile.
e. … los mexicanos, el Popocatépetl es un hombre dormido.
f. No te ayudo … interés sino … amistad.
g. El poema fue escrito … Pablo Neruda.

1 Taller de las palabras

Mariscal (español), *El País semanal*, 1997.

1 Busca la terminación correcta y fabrica 9 adjetivos.

formid...	ante
particul...	ente
sensacion...	**able**
creat...	ible
curi...	ica
interes...	ar
difer...	al
imprevis...	iva
ún...	osa

2 Completa la frase de Mariscal con estos adjetivos.

Cada cultura tiene una visión del mundo ...

2 Taller de lectura, escritura y memorización

El Macchu Picchu (Perú).

- Lee el artículo «¿Extraterrestres?» una vez, tratando de recordar todas las palabras posibles.
- Cierra el libro.
- Explica por escrito en unas líneas el «enigma» del Macchu Picchu.

¿Extraterrestres?

En el Perú, a más de 4000 metros de altura, se encuentra el gran sitio arqueológico del Macchu Picchu, donde los Incas adoraron a sus dioses. Pero para algunas personas, expertas en temas paranormales, lo que se ve en el Macchu Picchu es el mensaje de una civilización extraterrestre. En efecto, si se mira el paisaje verticalmente, se ve, según ellos, el perfil perfecto de un hombre que sonríe: la frente, los ojos, la nariz, la boca y la barbilla. Pero para los científicos, eso no es más que una ilusión, un simple efecto de luces y sombras. ¿Quién tiene razón?

3 Canción Bello durmiente

Y es un derroche de amor, el suelo mío,
y es que es el hijo del sol, el Perú mío.
Es un gigante al que arrullan sus anhelos,
bello durmiente que sueña frente al cielo.

Este su sueño comparten tres amadas:
Desnuda costa, ilusionada;
Exuberante la selva, apasionada;
Y una tímida sierra, enamorada.

Chabuca Granda.

1 ¿Quiénes son las «tres amadas» del Perú?

2 Apunta los adjetivos que las definen.

Unidad 5

Mañana será otro día

Primavera: Feria de Abril, Sevilla.

Secuencia 1

Thèmes

- La santé et la maladie
- La nourriture
- L'alimentation méditerranéenne

Objectifs de communication

- Dire comment on se trouve
- Parler de ses projets

Objectifs grammaticaux

- Le futur régulier et les emplois du futur en espagnol
- La construction du verbe *doler*
- Bilan sur les adjectifs indéfinis

Secuencia 2

Thèmes

- Loterie et jeux de hasard
- La vie en 2025

Objectifs de communication

- Parler de l'avenir
- Faire une hypothèse

Objectifs grammaticaux

- Les futurs irréguliers
- L'impératif et le vouvoiement
- Rappels sur l'accentuation

Secuencia 3

Thèmes

- La défense de la nature : animaux et végétation
- Le recyclage

Objectifs de communication

- Débattre et argumenter
- Parler du temps qu'il fait

Objectifs grammaticaux

- Le plus-que-parfait
- Rappels sur les prépositions

ME DUELE UNA MUELA

Aspirina, para cualquier dolor.

Me he levantado esta mañana con un dolor de muelas desesperante. He ido corriendo al baño y el espejo[1] ha confirmado mis sospechas[2]: el dolor está acompañado por un bulto en la mandíbula[3] inferior, eso que se llama un flemón[4]. Me tomo rápidamente cuatro aspirinas y un antibiótico y regreso a la cama. Antonio se despierta:

- ¿Qué hora es? – pregunta.
- La' 'eis 'enos 'iez. [...]
- ¿Qué te pasa? – Antonio se incorpora[5] y me mira en la penumbra del dormitorio.
- 'ada. 'o 'e 'iento 'uy bie' – haciendo un poco de esfuerzo puedo pronunciar las consonantes.
- ¿Estás malita?
- Sí. Me duele una muela y tengo un flemón.
- Vaya, lo que faltaba.

Carmen Rico Godoy (española), *Cómo ser una mujer y no morir en el intento*, 1990.

1. *le miroir* **2.** *mes craintes* **3.** *une bosse à la mâchoire* **4.** *un abcès* **5.** *se redresse*

1 **El personaje se ha despertado muy temprano. Explica por qué.**

2 **Frente al espejo, ¿de qué se da cuenta?**

3 **El marido y la mujer dialogan (l. 7-12): señala los elementos cómicos.**

4 **Observa la publicidad: ¿tiene algo particular la aspirina infantil?**

ABC...

la muela: *la dent (la molaire)*
el dolor: *la douleur*
el medicamento: *le médicament*
ser malo: *être méchant*
estar malo: *être malade*

Archívalo

¡Lo que faltaba! *(Il ne manquait plus que ça !)*
Lo que faltaba: un dolor de muelas.

Básico

LE VERBE *DOLER* (= FAIRE MAL)

*(A mí) me duel**e** **la cabeza**.*
La tête (sujet) me fait mal = j'ai mal à la tête.
*(A él) le duel**en** **las muelas**.*
Les dents (sujet) lui font mal = il a mal aux dents.

TROIS ADJECTIFS INDÉFINIS

• **Ningún**
*Está triste: no tiene **ningún** amigo.*
Il est triste : il n'a aucun ami.

• **Ninguna**
*Es vegetariana: no come **ninguna carne**.*
Elle est végétarienne : elle ne mange aucune viande.

• **Cualquier**
*A **cualquier hombre** y a **cualquier mujer** le duelen las muelas un día.*
N'importe quel homme et n'importe quelle femme ont un jour mal aux dents.

DÍA DE PERROS

Hoy es 15 de julio y en Madrid hace mucho calor[1]: 38° de temperatura. Lola entra en su oficina a las nueve y media de la mañana y ya hace calor. Está de mal humor. Le duele una muela y ha dormido muy mal. Trabaja en una agencia de detectives privados, pero la gente está preparando sus vacaciones y no necesita detectives.

En el ascensor, Lola se mira en el espejo. No está muy guapa: tiene media cara[2] como un balón de fútbol. Está cansada y tiene mal color. Todavía no ha ido ningún día a la piscina. Ni a la playa.

Lourdes Miquel y Neus Sans (españolas), *Una nota falsa.*

1. *il fait très chaud* **2.** *la moitié du visage*

1 Es un día de perros para Lola: cuenta todo lo que va mal.

2 Di cuál es su profesión y por qué tiene poco trabajo.

3 Lola no está guapa. Explica por qué.

4 Imagina la vida de la mujer representada en la portada del libro.

ABC...

un día de perros: *une journée de chien*

es moreno: *il est brun*
está moreno: *il est bronzé*
es blanco: *il est blanc*
está blanco: *il est pâle*
es negra: *elle est noire*
está negra: *elle est furieuse*
es guapa: *elle est belle*
está guapa: *elle est belle (aujourd'hui)*

Practica

1. Rédige des phrases avec le verbe *doler*.
¡Pobre de mí! (las muelas) → Me duelen las muelas.
a. ¡Pobre de ella! (la cabeza)
b. ¡Pobres de vosotros! (los ojos)
c. ¡Pobre de ti! (los pies)
d. ¡Pobres de ellos! (el estómago)

2. Comment réagis-tu : *¡Qué rollo!* ou *¡Qué guay!*
a. No hay ninguna tarea.
b. No tengo ningún dinero.
c. No he ido ningún día a la playa.

3. Complète les phrases en choisissant entre *ser* ou *estar*.
a. Lola no ha ido a la playa: … muy blanca.
b. Lola no … muy guapa hoy.
c. Cuando mi perro … malo, lo castigo.
d. Cuando … malo y con fiebre, no voy a clase.
e. En la portada, la mujer tiene el pelo negro: … morena.

4. Cuenta un día de perros para ti. Imagina todo lo que va mal: el tiempo, el trabajo, la salud, etc.

5 | 1 ¿Te gusta el filete?

VACA LOCA

Mediodía: la familia está comiendo viendo el telediario.

Margarita, como siempre que había de segundo plato filete de vaca con patatas fritas, se había quedado rezagada[1]. En el plato no quedaba ni una sola patata frita; sin embargo, el filete permanecía casi entero. Miró a su madre con ojos suplicantes, pero Cecilia negó[2] con la cabeza. […] «Me gustaría vivir en la India – comenzó a pensar –. Allí las vacas son sagradas y a nadie se le ocurre[3] cortarlas en filetes para comérselas.»
En ese momento, el locutor […] leyó una noticia:
Catástrofe ferroviaria en la India: centenares de personas han perdido la vida al chocar dos trenes cargados de viajeros. Uno de los trenes frenó bruscamente, para evitar atropellar[4] a una vaca […].
Margarita escuchó la noticia y contempló las imágenes terribles con la boca abierta. «¡Esa vaca es una estúpida! – continuó pensando –. ¡A quién se le ocurre meterse en medio de las vías! Merecería[5] que la cortaran en filetes y …»
Hizo un esfuerzo y se tragó el trozo de carne que tenía en la boca. Luego, se metió otro, con un poco de rabia.

Alfredo Gómez Cerdá (español), *El cuarto de las ratas*, 1998.

1. *en retard* **2.** *refusa* **3.** *personne n'a l'idée* **4.** *écraser* **5.** *elle mériterait*

1 Es la hora de la comida: ¿qué le pasa a Margarita?

2 Explica por qué a Margarita le gustaría vivir en la India.

3 ¿Qué noticia lee el locutor?

4 Muestra lo cómico de la reacción de Margarita.

Comprando carne.

ABC…

la carne: *la viande*
el filete: *le steack*
las patatas fritas: *les frites*
el plato: *le plat, l'assiette*
el primer plato: *l'entrée*
el segundo plato: *le plat de résistance*
el postre: *le dessert*

Archívalo

¡A quién se le ocurre!
(Quelle idée !)
¡A quién se le ocurre comer tanto filete!

Básico

LE FUTUR RÉGULIER

Habl**ar**	Com**er**	Viv**ir**
hablar**é**	comer**é**	vivir**é**
hablar**ás**	comer**ás**	vivir**ás**
hablar**á**	comer**á**	vivir**á**
hablar**emos**	comer**emos**	vivir**emos**
hablar**éis**	comer**éis**	vivir**éis**
hablar**án**	comer**án**	vivir**án**

L'IDÉE DE FUTUR EXPRIMÉE PAR LE SUBJONCTIF

• **Cuando** + **subjonctif** = Quand + futur
Cuando sea *mayor, seré veterinario.*
Quand je serai grand, je serai vétérinaire.

LES SENS DE *NI*

• *No le gusta la carne, **ni** en filete **ni** picada.*
Elle n'aime pas la viande, ni en steack ni hachée.

• *No queda **ni** una patata frita.*
Il ne reste même pas une frite.

EL FUTURO DE ANASTASIA

1. *la fierté* **2.** *quelques veaux* **3.** *je n'y peux rien* **4.** *dans ma prochaine vie* **5.** *ça m'est égal*

1 **Presenta esta publicidad: ¿qué producto promueve?**

2 **Anastasia es una buena vaca. Muéstralo.**

3 **¿Cómo ve su futuro Anastasia?**
A Anastasia no le importa ...
Está convencida de que ...
Cuando muera, ...

Practica

1. Réécris les phrases au passé composé et au futur comme dans le modèle.
Ayer comí carne.
Hoy he comido carne.
Y mañana comeré carne otra vez.
a. Ayer fui al cine. Hoy ...
Y mañana ...
b. Ayer vimos el telediario.
c. Ayer hablaste español.
d. Ayer estuvieron en clase.

2. Complète librement.
a. Me compraré un coche cuando ...
b. Iremos a España cuando ...
c. Apagaré la tele cuando ...
d. Los alumnos estarán contentos cuando ...

3. Traduis ces phrases.
a. Margarita no quiere ni mirar el plato.
b. A la niña no le gustan ni la carne ni el pescado.
c. No leo ni el periódico.
d. Los vegetarianos no comen ni carne ni huevos.

5 | 1 En portada

La dieta mediterránea

Dieta mediterránea y salud

¡El aceite de oliva, las alcachofas, las almendras, el arroz, las doradas, las gambas, las judías verdes, las mandarinas, la miel, las naranjas, el vino, los tomates, el perejil, las sardinas, las uvas!
¡¡Buen provecho!!

Productos del Mediterráneo.

Se ha comprobado que la alimentación de los países ribereños del Mediterráneo, compuesta por verduras, legumbres, frutas, pescado, aceite de oliva y vino, era la causa de las reducidas cifras de colesterol que presentaban los mediterráneos. Sobre todo cuando eran comparados con los habitantes de América del Norte, anglosajones y centroeuropeos, quienes consumían una dieta basada en grasas y proteínas de origen animal, productos lácteos y dulces que cocinaban con mantequilla o derivados.

www.aceitedeolivainfo.net

¿Qué comen los jóvenes españoles?

Dulces, golosinas, galletas, refrescos …

Un estudio sobre alimentación infantil y juvenil confirma que la tan admirada dieta mediterránea no convence a los más pequeños.
El estudio da interesantes resultados: los más pequeños ingieren demasiadas proteínas, dulces, golosinas, galletas… Con respecto al consumo de refrescos azucarados, éste aumenta de forma bastante evidente a partir de los 10 años.

¡Hola!, octubre 2002.

El secreto de la pirámide

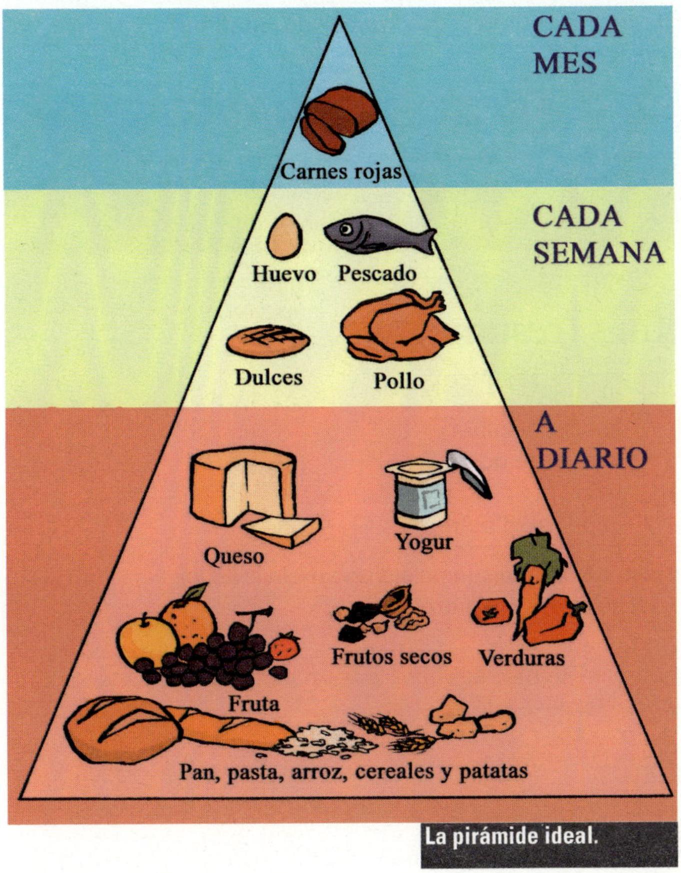

La pirámide ideal.

Dieta mediterránea y salud

1. ¿En qué dieta dominan los siguientes productos, la dieta mediterránea o la anglosajona? *aceite de oliva, carne, ensaladas, frutas, productos lácteos, legumbres, mantequilla, pasteles, pescado, verduras, vino*
2. Según el artículo, ¿qué ventaja tienen los mediterráneos?

¿Qué comen los jóvenes españoles?

1. ¿Son partidarios de la dieta mediterránea los jóvenes en España? Contesta con ejemplos concretos.
2. Clasifica ventajas e inconvenientes de cada dieta.
   - *La comida mediterránea es … pero es …*
   - *La comida anglosajona es … pero es …*

+	−
muy sana rápida sabrosa práctica	grasienta complicada para mayores monótona

3. Expresa tus preferencias alimentarias tomando ejemplos concretos.

♡	(no ♡)
Me gusta(n) … Prefiero … Soy fanático de …	No me gusta(n) … Me da(n) asco … Nunca comeré …

El secreto de la pirámide

1. ¿Qué alimentos hay que comer a diario, cada semana y cada mes?
2. Dibuja tu pirámide alimentaria. ¿Te parece equilibrada? Critícala.
   - *Como más … que …*
   - *Como menos … que …*
   - *Como demasiado(s) …, demasiada(s) …*
3. Fabrica un menú equilibrado para un día.

Bilan

Le futur régulier

Le radical est l'infinitif du verbe pour les futurs réguliers.
La terminaison est la même pour tous les verbes. Toutes les personnes portent l'accent écrit sauf la première du pluriel.

Hablar	Comer	Vivir
habla**ré**	come**ré**	vivi**ré**
habla**rás**	come**rás**	vivi**rás**
habla**rá**	come**rá**	vivi**rá**
habla**remos**	come**remos**	vivi**remos**
habla**réis**	come**réis**	vivi**réis**
habla**rán**	come**rán**	vivi**rán**

Deux différences entre le futur espagnol et le futur français

Les subordonnées de temps

L'espagnol ne se sert pas du futur dans les subordonnées de temps : il utilise le subjonctif.
***Cuando sea** mayor.*
Quand je serai adulte.
Cada vez que vengas.
Chaque fois que tu viendras.

Transforme selon le modèle.
Ven y te daré un regalo.
➜ **Cuando vengas** te daré un regalo.
a. Estudia y aprobarás.
b. Aprende las conjugaciones y jugarás al fútbol.
c. Termina el filete y podrás ver la tele.

L'hypothèse

■ L'espagnol se sert du futur pour formuler une hypothèse.
*No sé quién llama: **será** el cartero.*
Je ne sais pas qui appelle : ça doit être le facteur.
■ Remarque : on peut aussi exprimer l'hypothèse avec **deber de + infinitif.**
*No sé quién llama: **debe de ser** el cartero.*

Dans ces phrases, exprime l'hypothèse par le futur.
a. El filete está entero: la chica debe de ser vegetariana.
b. Los profesores todavía no han llegado: deben de estar reunidos.
c. Habéis pasado tres meses en España: ahora debéis de hablar muy bien.

Quelques adjectifs indéfinis (résumé)

algún, alguna	un, une
ningún, ninguna	aucun, aucune
cualquier	n'importe quel
demasiado(s), demasiada(s)	trop
otro(s), otra(s)	un autre, d'autres

Otro peut être précédé d'un article défini, mais jamais d'un article indéfini.
***El otro** amigo.* L'autre ami. ***Otro** amigo.* Un autre ami.

Réécris ces phrases en remplaçant le mot souligné par un des mots proposés : ***manzana / montaña / cerveza / tarde / enfermedad.***
Attention à l'accord !
a. La vaca paseará por algún prado.
b. Lola no ha ido ningún día a la playa.
c. La aspirina sirve para cualquier dolor.
d. Bebemos demasiados refrescos.
e. La niña comió otro trozo de filete.

1 Taller de poesía

Canción del burro enfermo

A mi burro, a mi burro
le duele la cabeza;
el médico le ha puesto
una corbata negra.

A mi burro, a mi burro
le duelen las orejas;
el médico le ha puesto
una gorrita negra.

A mi burro, a mi burro
le duelen las pezuñas;
el médico le ha puesto
emplasto de lechugas.

A mi burro, a mi burro
le duele el corazón;
el médico le ha dado
jarabe de limón.

A mi burro, a mi burro
ya no le duele nada;
el médico le ha dado
jarabe de manzana.

(popular)

**Souvent en espagnol, la rime ne concerne que les voyelles : on appelle cela une « assonance ».
Cabeza rime avec *negra* (e/a) : deux voyelles sont assonantes (la tonique et la suivante).
Corazón rime avec *limón* (ó) : une seule voyelle est assonante (quand c'est la dernière syllabe qui porte l'accent).
Dans ce poème, seuls les vers pairs riment entre eux.**

1 Repère la ou les voyelles assonantes dans chaque strophe.

2 Maintenant essaye de rimer à l'espagnole. Fais correspondre, comme dans la chanson, une partie du corps et un « remède ».

A mi burro, a mi burro le duele(n)	El médico le ha puesto … El médico le ha dado …
la barriga	unas gafas violetas
el trasero	una camisa rosa
los dos ojos	unos vaqueros negros
cuatro muelas	un zapato naranja
la nariz	una pera amarilla
su gran boca	cinco tomates rojos
una pata	una bufanda gris

2 Receta

El gazpacho andaluz

Para seis personas:

① Poner a remojar media barra de pan duro.
② Pelar y cortar un kilo de tomates, bien rojos.
③ Trocear medio kilo de pepinos y un pimiento verde.
④ Echar todos los ingredientes en una batidora eléctrica.
⑤ Añadir 1 diente de ajo, 2 cucharadas soperas de aceite de oliva, vinagre y sal.
⑥ Servir muy frío.

Écris la recette du gazpacho à la première personne du singulier.

⑥

¡QUÉ SUERTE!

LA RAZÓN

EL GORDO PREMIA A OCHO PROVINCIAS

8103

Segundo premio	Tercer premio	Cuarto premio	Cuarto premio
19576	31203	48105	00091

El gordo de Navidad.

- Traigo la suerte. ¿A quién le doy el gordo? Traigo la suerte. ¿A quién le doy el gordo?

La salmodia continuaba.

Don Eladio despertó.

- ¿A ver, buena mujer?

- El trece mil doscientos setenta, señor. Suman trece.

- Démelo. [...] Bonito número, ¿verdad?

- A ver si tiene usted suerte.

- Esto de la lotería es cosa del demonio. Una vez vi un número que me gustaba y no lo compré por no cambiar[1]. Pues, ¿qué creen ustedes que ocurrió?

Hizo una pausa.

- Voy a mirar la lista, por casualidad, porque no jugaba, y allí estaba con doscientas mil pesetas[2].

Ignacio Aldecoa (español), *Cuentos completos*, 1995.

1. *pour ne pas changer un billet* **2.** antigua moneda española

1 **¿Dónde te imaginas que transcurre la escena?**
En mi opinión, los protagonistas estarán ...

2 **¿Qué fecha del año puede ser?**
Pienso que será ...

3 **¿Es hábil vendedora la mujer?**

4 **Explica en qué ocasión no tuvo suerte don Eladio.**

ABC...

la suerte: *la chance*
tener suerte: *avoir de la chance*
traer suerte: *porter chance*
el gordo: *le gros lot*
me (te, le...) toca el gordo: *je (tu, il...) gagne(s) le gros lot*

Archívalo

¿Verdad? *(N'est-ce pas?)*
Si te toca el gordo estarás contento, **¿verdad?**

Básico

LA POLITESSE À L'IMPÉRATIF

On emploie la troisième personne du subjonctif présent.
*Cante, señor. Cant**en**, señores.*
Chantez, monsieur. Chantez, messieurs.

LA DOUBLE ENCLISE

- À l'infinitif
***Te lo** quiero comprar.*
→ *Quiero comprár**telo**.*
- Au gérondif
***Me lo** está vendiendo.*
→ *Está vendiéndo**melo**.*
- À l'impératif
*Dé**me** este número.*
→ *Dé**melo**.*

DÉMONSTRATIFS NEUTRES : « CECI », « CELA »

***Esto** que yo digo.* Ce que je dis.
***Eso** no importa.* Ça n'est pas important.
***Aquello** pasó hace mucho tiempo.* Cela s'est passé il y a très longtemps.

EL CUPÓN[1] DE LA ONCE[2]

1. *billet de loterie* 2. Organización Nacional de Ciegos de España

1 Explica qué producto promociona este cartel.

2 ¿Quiénes son los dos protagonistas? Descríbelos.

3 ¿Qué relación existe entre Supermán y el eurocupón?

4 Expresa tu opinión sobre esta publicidad.

ABC...

el sorteo: *le tirage*
Supermán: *Superman*
rescatar: *sauver*
el atasco: *l'embouteillage*
la escalera: *l'échelle*

Practica

1. Imagine que tu t'adresses à quelqu'un de plus âgé. Marque la politesse à l'impératif.

a. Véndeme un billete de lotería.
b. Dime qué número ha salido en el sorteo de ayer.
c. Ayúdame a salir de aquí.
d. Préstame diez euros.

2. Écris les chiffres en lettres et inversement.

a. El número trece mil doscientos setenta.
b. El número tres mil setenta y dos.
c. 1 600 millones.

3. Remplace le mot souligné par un pronom personnel, puis donne un ordre.

Me das un billete. → Me **lo** das. → Dá**melo**.
a. Me das la mano.
b. Te pones unos vaqueros.
c. Te compras un cupón.
d. Me regalas tres camisetas.

LA VIDA EN EL 2025

Ropa inteligente.

Dentro de pocos años, vestiremos prendas[1] inteligentes que en nada se parecerán a las actuales. Ya se están desarrollando nuevos tejidos[2] capaces de cambiar de color según el estado de ánimo o según el clima, ropa capaz de inocular vitaminas o aislar[3] del frío y del calor.

Salud y nutrición.

Los futuros alimentos actuarán también como medicamentos. Probablemente, antes de 20 años, tendremos tomates, patatas, guisantes, plantas … que contengan sustancias medicinales para combatir determinadas enfermedades.

Vivienda y automóvil.

Hornos[4] que envían e-mails, neveras[5] que hacen la compra por Internet, videoclub a la demanda que permitirá alquilar[6] una película sin moverse del sofá: nuestros hijos comprarán su casa totalmente automatizada. Su coche contará con televisión, radio, CD, teléfono, Internet… Conducir o no podrá ser cuestión de gustos: en Los Angeles ya existe un carril de alta velocidad[7] para coches conectados a Internet, que permite que el conductor vaya durmiendo o trabajando.

Reportaje «Qué será, será …», *AR La revista de Ana Rosa*, noviembre 2002.

1. *des habits* **2.** *des tissus* **3.** *isoler* **4.** *des fours* **5.** *des réfrigérateurs* **6.** *louer* **7.** *couloir à grande vitesse*

Tendremos autómatas a nuestro servicio.

1 Dentro de unos años, habrá «ropa inteligente». ¿Te parece útil de verdad?

2 Según tú, cuando estés contento, ¿de qué color se pondrá tu ropa? Según yo …

3 Para la salud, ¿cuál será el progreso? ¿Es una ventaja?

4 ¿Te gustaría tener una casa o un coche del futuro?

ABC…

el progreso: *le progrès*
el porvenir: *l'avenir*

la ropa: *les habits, l'habillement*
la enfermedad: *la maladie*
la vivienda: *le logement*
el coche: *la voiture*

Básico

FUTURS IRRÉGULIERS

Infinitif		Radical	Terminaison
poder poner saber tener venir	→	**podr** **pondr** **sabr** **tendr** **vendr**	é ás á emos éis án

DEUX PRÉPOSITIONS

- **Dentro de** … (dans)
Dentro de unos años …
- **Sin** (sans)
Sin moverse de casa …

UNE RÈGLE D'USAGE

*Estamos en **el siglo veintiuno.***
Nous sommes au XXIe siècle.

CHULETA ELECTRÓNICA

Escobar (español), *Zipi y Zape, ¡Vaya par de gemelos!*, 2000.

1. el examen de recuperación: *le contrôle de rattrapage* **2.** empollar: *bosser (fam.)*

1 **Explica el problema de Zipi y el plan de Zape.**
Zipi podrá responder a todas las preguntas porque ...
Se pondrá un auricular y así ...
Su hermano sabrá las respuestas porque ...

2 **Imagina qué pasará el día del examen de recuperación.**

Practica

1. Écris ta date de naissance complète, puis celle des personnes suivantes.
Yo nací el *(día)* de *(mes)* de *(año)*, en *(siglo)*.
a. Miguel de Cervantes: 29/09/1547.
b. Federico García Lorca: 05/06/1898.
c. Pablo Picasso: 25/10/1881.

2. Transforma estas frases siguiendo el modelo.
Alquilarán una película pero no se moverán del sofá.
Alquilarán una película **sin moverse** del sofá.
a. Zipi responderá a todas las preguntas pero no estudiará.
b. En invierno, llevaremos ropa ligera pero no tendremos frío.
c. Nos desplazaremos en coche pero no conduciremos.

3. Imagina la máquina que te gustaría inventar. Explica en futuro todo lo que podrá hacer.

Abre los ojos

El curandero y

Diego Rivera (mexicano), *El curandero* (acuarela), 1943.

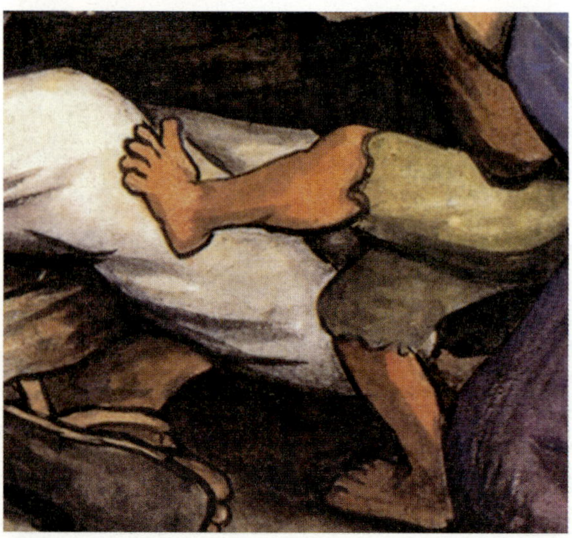

Como en un dibujo de niño, el pintor delimita las formas con una línea negra.

el médico

Pablo Picasso (español), *Ciencia y Caridad*, 1897.

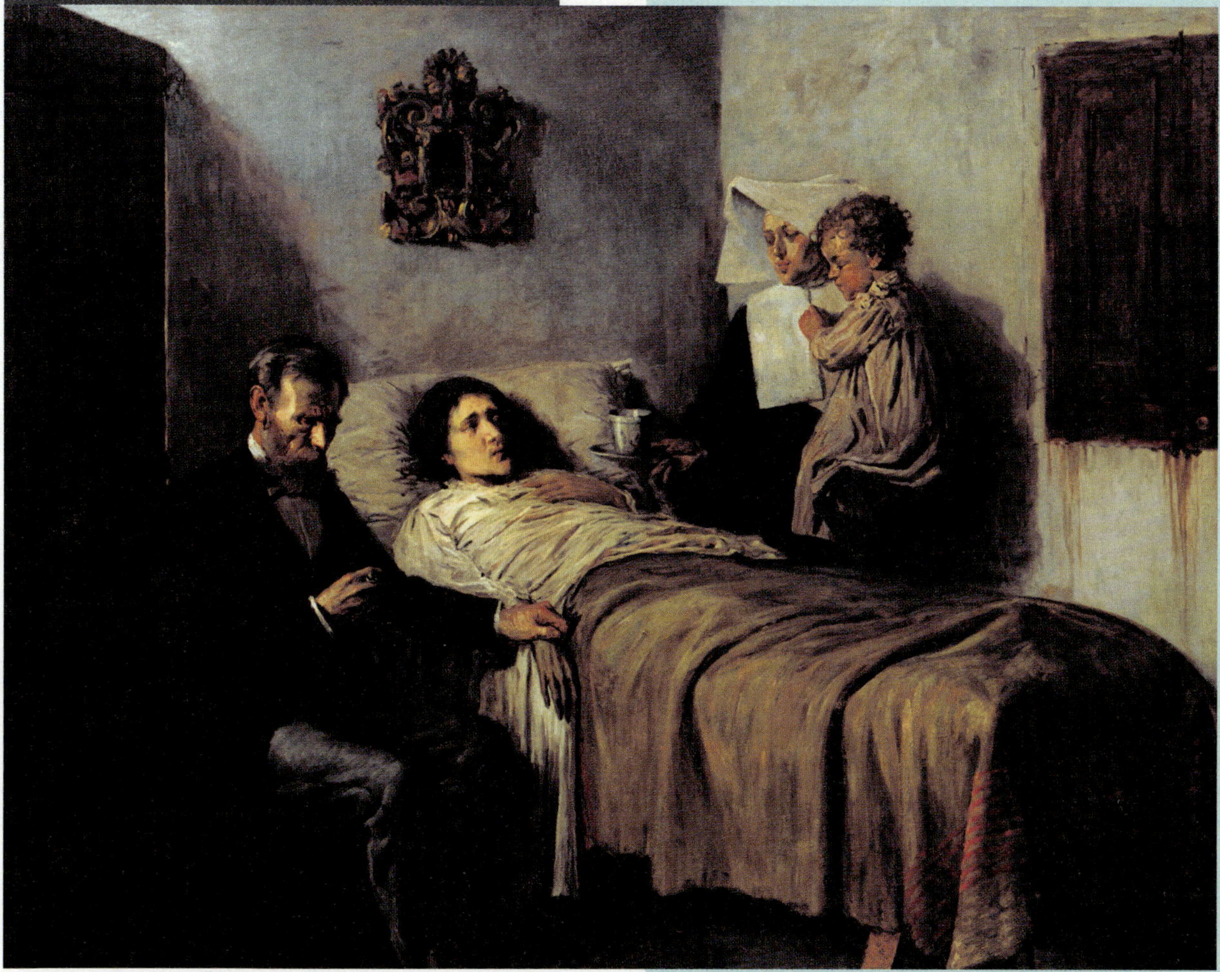

▲ Otra época, otro país: en España, a principios del siglo XX, el mismo tema visto por Picasso.

1 Presenta la escena pintada por Diego Rivera.
- ¿Quiénes figuran en el cuadro?
- ¿Qué le pasará al niño?
- Explica la actitud de cada personaje.

2 Compara la obra de Rivera y la de Picasso.
- Explica la diferencia que hay entre un curandero y un médico. Toma ejemplos concretos en los cuadros.
- Muestra todo lo que separa las dos escenas.

¿Quién es… Diego Rivera?

Diego Rivera (Guanajuato, 1886 - México, 1957)

A partir de los años 20, revolucionó la pintura mexicana realizando inmensas pinturas murales en edificios públicos. *El muralismo* lleva el arte a la calle: quiere presentar al pueblo mexicano, con formas simples y gran color, la imagen de su historia y de su cultura. También pintó cuadros y acuarelas, como *El curandero*.

Bilan

Futurs irréguliers

Au futur, l'irrégularité ne porte que sur le radical.
Il existe en tout dix verbes irréguliers. En voici six.

Infinitif		Radical		Terminaison
hacer		**har**	↗	**é**
poder		**podr**		**ás**
poner	→	**pondr**	→	**á**
saber		**sabr**	↘	**emos**
tener		**tendr**		**éis**
venir		**vendr**		**án**

Ces trois phrases contiennent trois autres futurs irréguliers.
Les reconnais-tu ? Copie les infinitifs et conjugue-les aux six personnes du futur.
a. Gracias a la ropa inteligente, saldremos a la calle sin mirar el tiempo.
b. Un micro-ordenador incorporado le dirá a nuestra ropa la temperatura ideal.
c. ¡Pero algunos hombres siempre querrán llevar la ropa del pasado!

L'impératif et le vouvoiement

■ En espagnol, l'impératif proprement dit comporte deux personnes : la deuxième du singulier et la deuxième du pluriel. **Il sert donc seulement à tutoyer.**

Impératif = tutoiement			
deuxième personne du singulier (= **tú**)		deuxième personne du pluriel (= **vosotros**)	
canta	vive	cant**ad**	viv**id**
come	piensa	com**ed**	pens**ad**

■ Comme toujours, quand on veut marquer la politesse, on doit utiliser la troisième personne. Mais puisqu'elle n'existe pas à l'impératif, **on se sert du subjonctif.**

Subjonctif = vouvoiement			
troisième personne du singulier (= **usted**)		troisième personne du pluriel (= **ustedes**)	
cante	viva	cant**en**	viv**an**
coma	piense	com**an**	piens**en**

Dans lequel de ces deux dialogues tutoie-t-on ? Dans lequel marque-t-on le vouvoiement ? Justifie ta réponse avec plusieurs exemples.

- Oiga, ¿está Don Minervo?
- No, dígame su nombre. Le llamará.
- Zpzz.
- ¿Cómo? Repita, por favor.

- Oye, ¿Zape?
- Sí, ¡soy yo! ¡Dime!
- ¿Estás estudiando?...
- Sí, llámame más tarde, por favor.

L'enclise et l'accentuation (rappel)

Lorsqu'un infinitif, un gérondif ou un impératif reçoivent un pronom enclitique, l'accent tonique remonte d'une syllabe : il faut donc souvent l'écrire :
Dime tu nombre. → *Dímelo.*

Remplace le mot souligné par un pronom personnel, et accroche-le au verbe.
a. Canta <u>la canción</u>.
b. Estoy aprendiendo <u>las conjugaciones</u>.
c. Quiero contarte <u>una cosa</u>.
d. Ponte <u>los vaqueros</u>.

1 Inventar un eslogan

1. *bien qu'il soit aveugle*

1 Rédige sur un papier trois autres légendes au futur sur le même modèle, et fais-les corriger par ton professeur. Rédige à chaque fois une phrase entière.
Aunque sea ciego, hará deporte.

2 Donne ton papier à ton voisin et prends le sien.

3 Chacun lit à haute voix et traduit les légendes qu'il a reçues.

4 Votez pour choisir les trois meilleures.

2 Entender un juego de palabras

1 Recuerda lo que pasó en la página 127.

2 Cuenta lo que ocurre ahora: ¿por qué está sorprendido don Minervo?

3 Explica dónde hay un juego de palabras.

Sigue el cómic de la página 127. Zipi ha tenido un problema: un perro se ha llevado los auriculares con los que comunicaba con su hermano.

Ahora el casco está por el suelo, en una parada de autobús, y don Minervo le hace a Zape una pregunta muy difícil ...

Escobar (español), *Zipi y Zape, ¡Vaya par de gemelos!*, 2000.

1. coma: *virgule*

Protege la naturaleza

¡SALVAD LAS BALLENAS!

Ballenas en Baja California (México).

Una ballena ha muerto en una playa de México. Un grupo de niños habla con Hans.

- ¿De qué murió la ballena? ¿Se sabe ya, o no?
- Sí, ya lo sabemos. Ahora os lo cuento – dijo Hans –. Pero antes quiero que miréis esto. Y se alejó[1] un momento para regresar con algo en las manos.
- ¿Esto qué es?

«¡Facilísimo!», pensaron todos.

Max gritó:

- ¡Un globo desinflado[2]!

Era verdad: se trataba de un globo de los que se utilizan en las fiestas infantiles para decorar.

- Efectivamente, y los globos, como cualquier otro plástico que hayamos tirado al mar, una vez en el estómago de la ballena no se disuelven con los jugos gástricos[3], y acaban produciéndoles una oclusión intestinal. […]
- ¿Quieres decir – preguntó Héctor, resumiendo lo que todos pensaban – que cuando soltamos globos podemos ser responsables de la muerte de una ballena?
- Sí. Y cuando alguien tira una bolsa de plástico al mar, o una lata de refresco, o lo que sea.

Gemma Lienas, *Emi y Max: la aventura de las ballenas*, 1999.

1. *s'éloigna* **2.** *dégonflé* **3.** *ne sont pas dissous par les sucs gastriques*

1 ¿Qué quieren saber los niños?

2 ¿Qué les enseña Hans?

3 ¿Qué relación hay entre el globo de plástico y la muerte de la ballena?

4 Explica la tristeza de los niños.

ABC…

una ballena: *une baleine*
la naturaleza: *la nature*

un globo: *un ballon*
una bolsa de plástico: *un sac en plastique*
tirar: *jeter*
soltar (*diphtongue*: ue): *lâcher*

Básico

ALGO, ALGUIEN (RÉVISION)

*Regresó con **algo** en las manos.*
*Cuando **alguien** tira una bolsa al mar …*

ESTE, ESTA, ESTO (RÉVISION)

***Esta** ballena ha muerto.*
***Este** globo es el culpable.*
*¿Qué es **esto**?*

EMPLOIS DU SUBJONCTIF (RÉVISION)

***Quiero que miréis** esto.*
***No permite que** la ballena **se alimente**.*

LA PRÉPOSITION « DE » (LA MATIÈRE)

*Una bolsa **de** plástico.*

¿RECICLAMOS?

1 Presenta el documento.

2 ¿Qué es reciclar? Explica la función de cada contenedor.
Cuando tiramos algo, hay que separar …
Por ejemplo, en el contenedor azul, hay que tirar …

3 Este anuncio insiste mucho sobre lo que no debemos tirar en el contenedor amarillo. En tu opinión, ¿por qué?

4 Y tú, ¿eres partidario del reciclaje? Di cómo participas.

ABC…

la basura: *les ordures*
lo reciclable: *ce qui est recyclable*
lo no reciclable: *ce qui n'est pas recyclable*
el vidrio: *le verre*
el papel: *le papier*
las latas: *les boîtes de conserve*

Practica

1. Complète ces phrases à ta façon, avec un sujet et un verbe au subjonctif.
a. El reciclaje permite que …
b. Las asociaciones ecologistas quieren que …

2. Réponds par la négative.
a. ¿Haces algo por la naturaleza? *No,* …
b. En tu barrio, ¿alguien recicla? *No,* …
c. ¿Has leído algo sobre el reciclaje? *No,* …

3. *Esto, eso* ou *aquello* ?
a. ¿Qué es … , allí, lejos?
b. ¿Qué es … que veo aquí?
c. ¿Qué es … que llevas ahí?

4. *En* ou *de* ?
a. Este reloj no es … oro.
b. Las botellas están … el contenedor verde.
c. Baja California está … México.
d. Todo lo que es … papel va al contenedor azul.

FELIZ NAVIDAD, SEÑOR ABETO

Mique Beltrán (español), *¡Marco Antonio contra todos!*, 1997.

1 ¿En qué momento del año estamos? Explica lo que quiere hacer el niño.

2 Por lo visto, Bertín es un ecologista convencido. Muéstralo.

3 Describe la cena de Nochebuena de esta familia.

ABC...

cortar: *couper*
el abeto: *le sapin*
el entorno, el medio ambiente: *l'environnement*
las hojas: *les feuilles*

nieva, está nevando: *il neige*
la nieve: *la neige*

Archívalo

Por lo visto *(visiblement)*
Por lo visto, Bertín ama la naturaleza.

Básico

Le plus-que-parfait
Haber à l'imparfait + participe passé.
*La guía que le **había comprado** su abuela.*

Impératif, enclise, accentuation (révision)
Compréndelo.
Ayúdame.

AMAZONIA EN PELIGRO

Destruyendo la selva.

Alex, un joven californiano, sobrevuela por primera vez la selva amazónica …

«El río Amazonas es el más ancho y largo de la tierra, cinco veces más que ningún otro. Sólo los astronautas en viaje a la luna han podido verlo entero desde la distancia», leyó Alex en la guía turística que le había comprado su abuela en Río de Janeiro. No decía que esa inmensa región, último paraíso[1] del planeta, era destruida sistemáticamente por la codicia[2] de empresarios y aventureros [...]. Estaban construyendo una carretera, un tajo[3] abierto en plena selva, por donde llegaban en masa los colonos y salían por toneladas las maderas y los minerales.

Isabel Allende (chilena), *La ciudad de las Bestias*, 2002.

1. *paradis* **2.** *la rapacité* **3.** *une coupure*

1 Explica la particularidad del Amazonas.
El río Amazonas es tan largo que ...

2 ¿Qué peligro amenaza hoy día la selva amazónica?

3 Colonos, empresarios y aventureros: en tu opinión ¿qué buscan?

4 Se dice con frecuencia que Amazonia es «el pulmón de la tierra». ¿Sabes explicar esa metáfora?

ABC...

el río: *le fleuve*
la selva: *la jungle*
la carretera: *la route*
la madera: *le bois*

ancho: *large*
largo: *long*

Practica

1. Transforme les phrases en suivant le modèle.
Ama la naturaleza: **¡ámala!**
a. Defiende la selva amazónica: ¡ ... !
b. Respeta los árboles: ¡ ... !
c. Recuerda lo que dice Bertín: ¡ ... !
d. Observa las reglas de la ecología: ¡ ... !

2. Réécris les phrases suivantes au passé en suivant le modèle proposé.
Alex lee la guía que le ha comprado su abuela.
→ Alex leyó la guía que le había comprado su abuela.
a. Marco Antonio cuenta a sus padres lo que le ha dicho Bertín.
b. Comen la tarta que ha hecho la madre.
c. Hago el control que el profesor ha preparado.

3. Un de tes amis ignore la situation de la forêt amazonienne. Tu vas la lui expliquer, par écrit, en te servant des mots de liaison utilisés par Bertín:
«Deberías saber que ... Además, ... Por eso ... »

Vida de Lazarillo de

Adaptado de una novela anónima del siglo XVI.

Tormes (II)

Primeros pasos

1. Presenta la escena.
- Di lo que están haciendo Lazarillo y su amo.
- ¿Qué tiempo hace?
2. Explica la broma que le gasta Lazarillo al amo.
- *Le dice que para no mojarse los pies …*
- *Pero en realidad …*

Ensayo

Practica la entonación

Tono de súplica

La caridad, por favor … *¿Por qué eres tan malo? …*

Tono decidido

¡Venga, rápido! ¡Allá voy! *¡Aúpa, ya está!*

Tono de admiración

¡Cómo has aprendido! *¡Qué listo eres!*

Trabajo a tres

Vas a ensayar con dos compañeros: uno hará de Lazarillo, el otro de amo y el tercero de apuntador *(souffleur)*.
1. Elegid una escena. Cada uno se aprende un papel de memoria.
2. Echad a suertes para saber quién será el apuntador y representad la escena.

El amo. La caridad, por favor… La caridad, por favor (¡achiis!) Vámonos a casa, Lázaro. Está lloviendo y tengo frío.
Lazarillo. Sí, señor.
El amo. ¡Y ayúdame a caminar por donde no hay agua, que no me gusta tener los pies mojados!
Lazarillo. Por aquí, señor, por aquí… No quiero que coja usted un enfriamiento… ni que le duela la cabeza…

El amo. ¡Qué listo eres, Lazarillo, y cómo has aprendido!
Lazarillo. Venga, yo primero. ¡Aúupa, ya está! Ahora usted, señor, rápido, con decisión.
El amo. ¡Allá voy! Uno, dos … ¡y tres! ¡Aaay, ay, ayayay! ¿Qué me has hecho, criminal? ¿Por qué eres tan malo conmigo, Lázaro?
Lazarillo. Je, je … He aprendido la lección. No hay que confiar en nadie, señor. ¡Adiós!

Interpretación

Monta un grupo teatral con tus compañeros y representad a vuestra manera los dos episodios de *La Vida de Lazarillo* (páginas 110 y 136).
Se necesitan: dos autores para redactar los papeles; cinco actores (madre, amo, Lazarillo, dos personas que pasan sin dar limosna); un apuntador para ayudar a los actores.

Bilan

Le plus-que-parfait

■ Contrairement au français, l'espagnol n'utilise qu'un seul auxiliaire pour former les temps composés : l'auxiliaire **haber**.
He comido. J'ai mangé.
He venido. Je suis venu.
Pour passer du passé composé au plus-que-parfait, il suffit donc de conjuguer **haber** à l'imparfait.
Había comido. J'avais mangé.
Había venido. J'étais venu.
■ Le plus-que-parfait est un passé composé vu dans le passé :
- *Alex* ***lee*** *el libro que le* ***ha comprado*** *su abuela* : l'action est vue dans le présent = passé composé ;
- *Alex* ***leía*** *el libro que le* ***había comprado*** *su abuela* : l'action est vue dans le passé = plus-que-parfait.

Mets le verbe principal à l'imparfait et fais la concordance.
a. Mi abuela es una aventurera que ha estado en Amazonia.
b. Me cuenta lo que ha visto en sus viajes.
c. Siempre me dice que ha tenido mucha suerte.
d. Alex es un chico que nunca ha hecho un gran viaje.

Les prépositions *de* et *con*

■ La préposition **de** peut indiquer l'origine, la matière et l'appartenance :
- *Soy* ***de*** *México.* (= mexicain)
- *Es una bolsa* ***de*** *plástico.* (= en plastique)
- *Este libro es* ***de*** *Alex.* (= à Alex)

■ La préposition **con** a parfois une forme particulière.
Quand elle est suivie d'un pronom personnel, aux deux premières personnes du singulier, elle devient **conmigo** et **contigo**.

conmigo
contigo
con él, con ella, con usted
con nosotros(as)
con vosotros(as)
con ellos, con ellas, con ustedes

1. Ordonne les définitions et dis de quel objet il s'agit.

Es de	plástico	sirve para	leer	se pone en	el frigorífico	es	una tortilla
	maíz		beber		un contenedor		una novela
	papel		meter la basura		una biblioteca		un zapato
	cuero		alimentarse		el pie		una botella
	vidrio		caminar		un plato		una bolsa

2. Traduis ces phrases.
a. Pouvez-vous venir avec moi, Monsieur ?
b. Attends-moi : je viens avec toi.
c. Puis-je venir avec vous, Monsieur ?
d. Bonjour papa, bonjour maman : j'aimerais être avec vous.

1 ¿Qué tiempo hace?

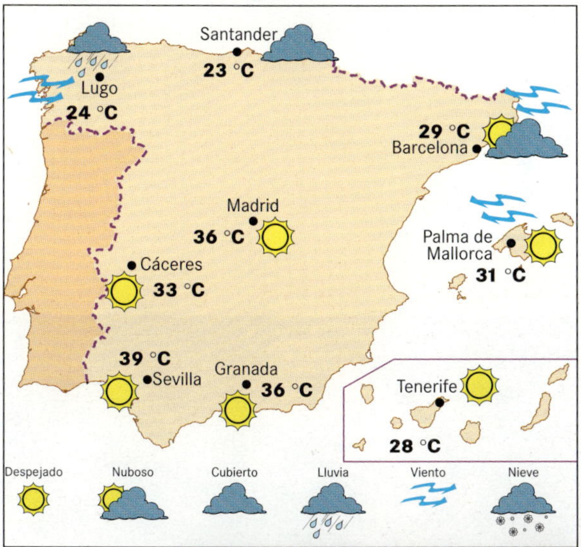

Previsiones para el 15 de agosto.

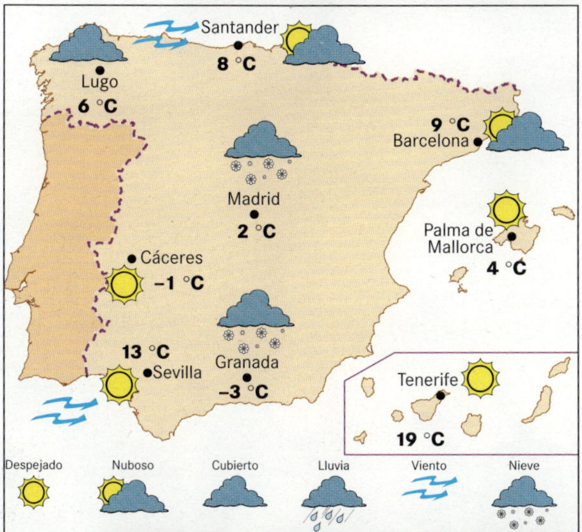

El tiempo en España el 24 de diciembre.

1 24 de diciembre.
- ¿En qué ciudad se registra la temperatura mínima? ¿Y la máxima?
Sitúalas en su Comunidad Autónoma.
- Presenta el parte meteorológico del día.

2 Previsiones para el 15 de agosto.
- Presenta, en futuro, el parte meteorológico para el día siguiente.
- Añade consejos o comentarios según las regiones:
tener calor / mojarse / sacar los paraguas / poder ir a la playa …

Para Ayudarte

Pour parler du temps

Hace (mucho) frío.
Hace (mucho) calor.
Llueve.
Nieva.
Sopla el viento.
El cielo está nuboso.
El cielo está despejado.
El cielo está cubierto.

2 Canción

Un son para niños antillanos

Por el Mar de las Antillas
anda un barco de papel:
anda y anda el barco barco,
sin timonel.
De La Habana a Portobelo,
de Jamaica a Trinidad,
anda y anda el barco barco
sin capitán.
Una negra va en la popa,
va en la proa un español:
anda y anda el barco barco,
con ellos dos.
Pasan islas, islas, islas,
muchas islas, siempre más;
anda y anda el barco barco,
sin descansar.
Un cañón de chocolate
contra el barco disparó,
y un cañón de azúcar, azúcar,
le contestó.
¡Ay, mi barco marinero,
con su casco de papel!
¡Ay, mi barco negro y blanco
sin timonel!
Allá va la negra negra,
junto junto al español;
anda y anda el barco barco
con ellos dos.

Nicolás Guillén (cubano), 1984.

Dans ce poème chanson, relève les prépositions que le poète emploie pour dire :
- le lieu par où l'on passe ;
- l'absence de quelque chose ou de quelqu'un ;
- la présence de quelque chose ou de quelqu'un ;
- le lieu d'origine ;
- la destination ;
- le lieu où l'on se trouve ;
- la matière.

Unidad 6

Colorín colorado

23-24 de junio: Noche de San Juan (España).

Secuencia 1

THÈMES	Ruta Quetzal : un grand voyage d'études L'aventure : astronautes, sportifs, explorateurs Plages et vacances en Espagne
OBJECTIFS DE COMMUNICATION	Faire un projet de voyage Parler et répondre au téléphone
OBJECTIFS GRAMMATICAUX	La concession : *aunque*, *a pesar de* Emplois du pronom relatif Adjectifs et pronoms possessifs

Secuencia 2

THÈMES	Le travail des enfants Les Latinoaméricains en Espagne
OBJECTIFS DE COMMUNICATION	Imaginer une situation Faire une supposition
OBJECTIFS GRAMMATICAUX	Le conditionnel L'hypothèse au subjonctif : *tal vez*, *quizás*, *puede que*

Secuencia 3

THÈMES	Le jeu des trois souhaits Le jeu de l'île déserte
OBJECTIFS DE COMMUNICATION	Rêver, imaginer Écrire un conte
OBJECTIFS GRAMMATICAUX	Conjugaison de l'imparfait du subjonctif La phrase conditionnelle *Como si* + imparfait du subjonctif

6 | 1 España, América: ida

EL PÁJARO MÁS BELLO DEL MUNDO

El quetzal.

El tocado de Moctezuma, emperador azteca.

El quetzal es un pájaro tropical de extraordinaria belleza y en peligro[1] de extinción que habita en las húmedas selvas montañosas de Centroamérica. En la civilización maya era el símbolo de la libertad, y además de servir de adorno[2] en los tocados[3] de los altos dignatarios de las dinastías mayas, su plumaje era tan apreciado que se utilizaba como moneda. [...] Su captura estaba castigada[4] con la muerte entre los aztecas y mayas. Esta mítica y legendaria ave es el estandarte y símbolo de un importante programa cultural: La Ruta Quetzal.

Dirección de Internet: http://w3.grupobbva.com/RUTAQUETZAL/

1. *en danger* **2.** *ornement* **3.** *les coiffes* **4.** *était punie*

1 **Presenta el quetzal y di en qué parte del mundo vive. ¿Podrías citar algún país en concreto?**

2 **Para los mayas, este pájaro tenía un valor simbólico y un valor real. Demuéstralo.**
No sólo ... sino que también ...

3 **¿Se podía capturar el quetzal?**

4 **Explica con qué estaba hecho el tocado de Moctezuma.**

ABC...

el pájaro, el ave *(féminin)*: *l'oiseau*
el ave mítica: *l'oiseau mythique*
una especie protegida: *une espèce protégée*

el símbolo: *le symbole*
el valor: *la valeur*

Básico

LA CONCESSION (RÉVISION)

*Son felices **a pesar de** su pobreza material.*
***Aunque** no tienen riquezas materiales, son felices.*

LES PRONOMS POSSESSIFS

*Es mi cuaderno. Es **el mío**.*
*Es tu bolígrafo. Es **el tuyo**.*
*Es su libro. Es **el suyo**.*
Les formes féminines sont :
la mía, la tuya, la suya.

LE PRONOM RELATIF APRÈS UNE PRÉPOSITION

*Un programa **en el que** se mezclan cultura y aventura.*
*Visitan países **en los que** no hay muchos bienes materiales.*

LA RUTA QUETZAL

Juan Carlos, Rey de España, saluda a un expedicionario.

Agrupados en la línea del ecuador, mitad del mundo.

Ruta Quetzal se debe a la iniciativa personal del Rey D. Juan Carlos. Es un programa iniciático y científico en el que se mezclan[1] dos ingredientes básicos: la cultura y la aventura. Más de 8.000 jóvenes de entre 15 y 16 años ya han tenido la oportunidad[2] de descubrir otras culturas diferentes a las suyas, como las viejas civilizaciones mediterráneas o las culturas precolombinas. Esta observación de culturas distintas[3] permitirá a los jóvenes expedicionarios comprobar[4] cómo otros pueblos son felices a pesar de no tener muchos bienes materiales. El viaje, que tiene una duración de unos 60 días, se divide en dos partes: una de ellas se desarrolla en tierras españolas y la segunda etapa discurre por uno o varios países iberoamericanos.

Dirección de Internet: http://w3.grupobbva.com/RUTAQUETZAL/

1. *se mélangent* **2.** *ont eu la possibilité* **3.** *différentes* **4.** *se rendre compte*

1 **Di quiénes participan en la Ruta Quetzal.**

2 **Explica por dónde transcurre este viaje y cuál es su objetivo.**
Ruta Quetzal transcurre por ...
El objetivo del viaje es que ...

3 **Muestra cómo las fotografías ilustran los valores de Ruta Quetzal.**

ABC...

la ruta: *l'itinéraire*
el pueblo: *le peuple, le village*
la solidaridad: *la solidarité*
la felicidad: *le bonheur*

Practica

1. Exprime l'idée contenue dans les phrases en te servant du modèle proposé.
No tienen bienes materiales, pero son felices. ➜ **Aunque no tienen bienes materiales, son felices.**
a. Llueve, pero salgo a pasear.
b. Nieva, pero no tengo frío.
c. El cielo está despejado, pero me llevo el paraguas.

2. Exprime la possession en suivant le modèle.
Es mi perro. ➜ Es **el mío**.
a. Es mi paraguas.
b. Son tus entradas.
c. Es su casa.
d. Son sus zapatos.

3. Introduis un pronom relatif dans les phrases proposées.
En este viaje, hay aventura y cultura. ➜ Es un viaje **en el que** hay aventura y cultura.
a. En esta expedición, los jóvenes conocen otras culturas. Es una expedición ...
b. En esas culturas, los bienes materiales no son tan importantes. Son culturas ...
c. Para esos pueblos, el dinero no tiene valor. Son pueblos ...
d. En ese país, hay muchas culturas indígenas. Es un país ...

¡Viva la aventura!

AVENTUREROS ESPAÑOLES DE HOY

Entrevista a Pedro Duque.

Periodista. – Duque, ¿usted está convencido de que algún día Marte[1] será una alternativa a la vida en la Tierra?
Pedro Duque. – Yo estoy convencido de que lo vamos a intentar[2] en algún momento, de que la humanidad jamás se ha parado[3] ante las posibles conquistas[4]. El viaje a Marte es algo que va a ocurrir, antes o después.

«El Mundo», *La Revista*, octubre 2002.

1. *Mars* 2. *essayer* 3. *ne s'est jamais arrêtée* 4. *conquêtes*

Miguel de la Quadra Salcedo, explorador, director de Ruta Quetzal.

Luis Doreste, campeón de vela.

Juan Oyarzábal, escalador.

Pedro Duque, astronauta.

1 ¿Quién es Pedro Duque?

2 ¿De qué está convencido?

3 Y tú, ¿piensas que existen marcianos? ¿Extraterrestres?
Estoy convencido de que …

ABC…

el astronauta: *l'astronaute*
el navegador: *le navigateur*
el escalador: *l'alpiniste*
el explorador: *l'explorateur*

Archívalo

Estoy convencido de que
(je suis convaincu que…)
Estoy convencido de que un día iremos a Marte.

Básico

PRÉPOSITIONS DE TEMPS ET DE LIEU (RÉVISION)

- **Antes de** … (avant de)
Antes de salir, miro qué tiempo hace.
- **Después de** … (après)
Después de comer, me lavo los dientes.
- **Delante de** … (devant)
*Soy el primero de la fila: no hay nadie **delante de** mí.*
- **Detrás de** … (derrière)
*El perro se esconde **detrás del** sofá.*
- **Ante** (face à)
*La humanidad nunca se ha parado **ante** las conquistas.*

LA RÉPÉTITION (RÉVISION)

Volver a + infinitif : refaire une action.
*Natalia **vuelve a marcar** un número.*

¿OIGA?

Sergio Salma, «Natalia», *Mi País*, abril 2001.

1 **¿Qué está haciendo Natalia? Explica con quién quiere hablar.**

2 **¿Por qué marca varios números?**

3 **Muestra cómo cambia su actitud.**
Natalia está cada vez más furiosa porque …

4 **Cuenta la última llamada.**
Al final, se le ocurre una idea: …
Al padre le extraña que …

5 **¿Qué piensas de la actitud de Natalia?**

ABC...

llamar por teléfono: *téléphoner*
una llamada: *un appel*
marcar un número: *faire un numéro*
colgar (*diphtongue* : ue): *raccrocher*
la libreta: *le carnet d'adresses*

Practica

1. Complète les phrases avec *antes de* ou *delante de*.

a. El teléfono está … Natalia.
b. Natalia mira su libreta … llamar.
c. Por teléfono, se dice «¿oiga?» … hablar.

2. Complète les phrases avec *después de* ou *detrás de*.

a. … llamar a los aventureros, llama a su padre.
b. Hay un gran cartel con una foto de la tierra … la niña.
c. … mirar en la libreta, Natalia marca el número.

3. Tu veux qu'on te passe quelqu'un au téléphone : retrouve dans la bande dessinée trois formules possibles. Rédige trois phrases et trois réponses.

6 | 1 En portada

Vamos a la playa,

España: variedad de playas

Cadaqués (Costa Brava): playa y cultura.

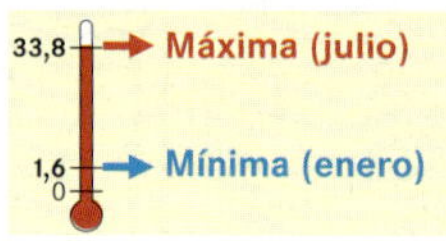

A pocos kilómetros de Francia está este pequeño pueblo costero. La casa del pintor Salvador Dalí y numerosas galerías de arte hacen de Cadaqués un lugar ideal para unas vacaciones culturales. Ofrece también la posibilidad de realizar deportes náuticos y pesca submarina.

Situada en la provincia de Cádiz, en el Océano Atlántico, es una de las muchas playas de esta zona donde el fuerte viento permite practicar el windsurf. Esta zona es ideal para comer gambas y pescado frito.

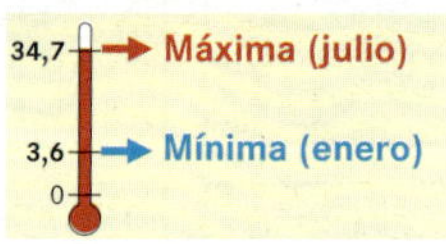

Caños de Meca (Cádiz): playa y deportes.

Playa de las Américas (Tenerife): playa y excursiones.

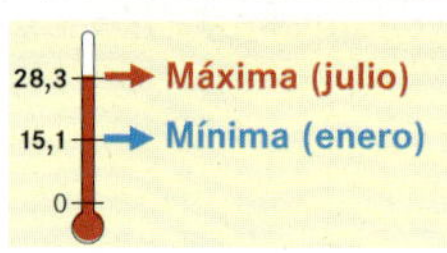

Tenerife es un magnífico lugar para un veraneo completo. Cuenta con espléndidas playas ideales para el buceo, un paisaje sorprendente con el volcán Teide siempre nevado y el Observatorio Astrofísico.

En el parque Natural de Cabo de Gata se encuentran las últimas playas vírgenes de España: ahí se ha rodado *Indiana Jones, la última cruzada*. Una reserva natural permite observar numerosas especies animales, flamencos en particular.

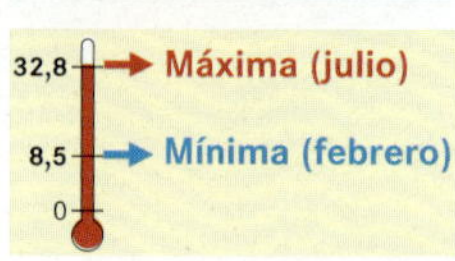

Playa de los Genoveses (Almería): playa y ecología.

calienta el sol

Vacaciones en un hotel

Hotel El Cortijo*, Matalascañas (Huelva)**

Fecha	AD	MP	PC
01/06-30/06	37,00 €	40,00 €	43,00 €
01/07-14/07	42,00 €	45,00 €	49,00 €
15/07-31/07	51,00 €	54,00 €	58,00 €
01/08-31/08	69,00 €	73,00 €	76,00 €

AD: Alojamiento y desayuno.
MP: Media pensión (alojamiento + desayuno + comida o cena).
PC: Pensión completa (alojamiento + desayuno + comida + cena).

- Situación: junto al Parque Nacional de Doñana y a 800 metros de la playa.
- Alojamiento: presenta la tradicional arquitectura andaluza en cada uno de sus patios. Rodeado de jardines, es un paraje tranquilo y luminoso. Cuenta con 53 habitaciones, con baño completo, aire acondicionado, caja fuerte, TV vía satélite, teléfono directo e hilo musical.
- Instalaciones: 2 restaurantes, piscina para adultos y para niños, bar y sala rociera.

La canción del verano

María Isabel

La playa estaba desierta,
el sol bañaba tu piel,
cantando con mi guitarra
tu nombre, María Isabel.
Coge tu sombrero y póntelo:
vamos a la playa, calienta el sol.
¡Chibiribirí, popompompom!

Los Payos, 1969.

Corazón Latino

Déjate llevar por el embrujo de este son,
De guitarra vieja a la orilla del mar.
Dale a tu vida una fiesta sin final:
lléna la de sol, llénala de mí.
Corazón latino,
de sangre caliente pegado a tu piel.
Corazón latino,
te invita a vivir un verano sin fin.

David Bisbal, 2002.

Macarena

Macarena sueña con El Corte Inglés,
y se compra los modelos más modernos.
Le gustaría vivir en Nueva York
y ligar un novio nuevo.
Dale alegría a tu cuerpo, Macarena,
Que tu cuerpo es pa' darle alegría y cosas buenas.
Dale alegría a tu cuerpo, Macarena:
¡Eh, Macarena!

Los del Río, 1993.

España: variedad de playas

1. Sitúa las cuatro playas: ¿en qué mar se encuentran?
2. Explica cuál es la mejor playa para:
- hacer una excursión a un volcán;
- observar animales;
- visitar un museo;
- practicar el windsurf.

3. Si fueras a España, ¿cuál de estas playas elegirías? Explica tus razones.

Vacaciones en un hotel

Organiza unas vacaciones en el Hotel El Cortijo. Con un compañero, prepara y representa una llamada telefónica: uno es la persona que trabaja en el hotel y el otro el veraneante. Hay que:
- informarse sobre las instalaciones del hotel;
- decir en qué fechas van a ser las vacaciones;
- indicar el número de personas y de habitaciones;
- hablar de precios y elegir una fórmula (AD / MP / PC).

La canción del verano

1. Explica qué es «la canción del verano».
2. ¿De qué hablan las canciones del verano? Muéstralo con ejemplos de las tres canciones.
3. Haced una votación para elegir la que vais a escuchar entera. Cada uno vota a su vez. Puede, si quiere, explicar sus razones.
Yo estoy a favor de …
La que más me gusta es …
Yo voto por …
Mi preferida es …

Bilan

La concession

Pour exprimer le fait qu'une action se déroule malgré une autre, on peut se servir de la préposition **a pesar de** (malgré) ou de la conjonction **aunque** (bien que, même si).

■ La préposition **a pesar de** peut être suivie d'un nom ou d'un infinitif.

A pesar de su pobreza, *son felices.* ***A pesar de ser pobres,*** *son felices.*

■ La conjonction **aunque** peut être suivie de l'indicatif ou du subjonctif. En général, on traduit par « bien que » dans le premier cas et par « même si » dans le second :

- ***Aunque son*** *pobres, son felices.* Bien qu'ils soient pauvres…

(Indicatif en espagnol mais subjonctif en français.)

- ***Aunque llueva,*** *saldré.* Même s'il pleut…

(Subjonctif en espagnol mais indicatif en français.)

1. Dans les phrases données, remplace la proposition soulignée par la proposition équivalente introduite par *aunque*.
aunque está muy lejos / aunque es carísimo / aunque hay mucha gente / aunque hace muchísimo calor
a. <u>A pesar de las temperaturas</u>, la playa es agradable en verano.
b. <u>A pesar de los turistas</u>, me gusta veranear en la Costa Brava.
c. <u>A pesar del precio</u>, voy a reservar en este hotel.
d. <u>A pesar de la distancia</u>, he elegido ir a las Islas Canarias.
2. Écris deux phrases sur le même modèle, l'une avec *a pesar de*, l'autre avec *aunque*.

Le pronom relatif après une préposition

■ Quand le pronom relatif représente une personne, on a le choix entre **quien (quienes)** ou **el (la, los, las) que**.

El hombre ***de quien*** *te hablo.* ou bien *El hombre* ***del que*** *te hablo.*

Las amigas ***con quienes*** *voy a la playa.* ou bien *Las amigas* ***con las que*** *voy a la playa.*

■ Quand le pronom relatif ne représente pas une personne, on emploie **el (la, los, las) que** après la préposition correspondante.

Un viaje ***para el que*** *me preparo.* *Unas playas* ***por las que*** *me gusta pasear.*

Relie ces phrases en introduisant une relative.
Me dirijo a una mujer. Esta mujer es mi profesora.
➜ La mujer **a quien** me dirijo es mi profesora.
a. Paso por unas calles. Estas calles son muy tristes.
b. Trabajo para unos señores. Estos señores son japoneses.
c. Vivo en un país. Este país tiene bonitas playas.
d. Te hablo de una canción. Esta canción es la canción del verano.

Les adjectifs et pronoms possessifs

mi ➜ el mío / la mía	nuestro(a) ➜ el nuestro / la nuestra
tu ➜ el tuyo / la tuya	vuestro(a) ➜ el vuestro / la vuestra
su ➜ el suyo / la suya	su ➜ el suyo / la suya

Transforme avec des pronoms possessifs, comme dans le modèle.
No es mi libro: es tu libro. ➜ No es mi libro: es **el tuyo.**
a. No son mis botas: son tus botas.
b. No son mis amigos: son tus amigos.
c. No es tu bañador: es mi bañador.
d. No es nuestra casa: es vuestra casa.

Actívate

Veo-veo

Mordillo (argentino), *Los veraneantes*, 1995.

El juego del veo-veo

Una persona ve una cosa y los demás tienen que adivinarla. Como indicio se da la inicial. Se dice el diálogo siguiente:

- Veo-veo.
- ¿Qué ves?
- Una cosita.
- ¿Con qué letrita?
- Con la P.
- ¿Es un pájaro?

Juega al veo-veo a partir del cómic de Mordillo. Puedes elegir cualquier nombre, de persona o de objeto, representado en el dibujo.

Cambiar el mundo

TRABAJO INFANTIL

1. lavar: *nettoyer, faire le ménage* 2. planchar: *repasser* 3. cuidar niños: *garder les enfants*

1 Fíjate en la foto y en el eslogan: ¿qué denuncia este cartel?

2 Explica lo que es el trabajo infantil doméstico.

3 ¿En qué países se desarrolla esta campaña?

Básico

Le conditionnel régulier

Radical		Terminaison
trabajar barrer vivir	→	ía ías ía íamos íais ían

Un conditionnel irrégulier

Hacer
haría harías haría haríamos haríais harían

Une formule impérative

¡A barrer! Balayons !
¡A comer! On mange !

SI TUVIERA UNA ESCOBA ...

Si yo tuviera una escoba,
cuántas cosas barrería.

Primero, lo que haría yo primero,
barrería yo el dinero
que es la causa y el motivo,
¡ay!, de tanto desespero.

Segundo, lo que haría yo segundo,
barrería bien profundo
todas cuantas cosas sucias
se ven por los bajos mundos.

Muchachos,
os voy a comprar una escoba a cada uno,
ya veréis qué bien lo pasamos.
¡Venga, a barrer!
Otra vez con la escoba.

Los Sírex, *La escoba*, 1965.

1 **Si tuviera una escoba, primero, ¿qué barrería el cantante?**

2 **¿Qué serán las «cosas sucias» que barrería luego?**

3 **Imagina qué cosas barrerías tú del mundo.** Si yo tuviera una escoba, ...

Niño vendiendo incienso (México).

ABC...

si yo tuviera: *si j'avais*
si yo fuera: *si j'étais*

la escoba: *le balai*
barrer: *balayer*
sucio: *sale*

Practica

1. Dans ces phrases, conjugue les verbes entre parenthèses au conditionnel.
a. Si tuviéramos una escoba, (barrer) la miseria y (suprimir) el dinero.
b. Si yo fuera presidente, (hacer) desaparecer el trabajo infantil y (ayudar) a los países pobres.

2. Rédige deux phrases personnelles sur le même modèle.

3. Choisis la formule impérative qui convient et réagis aux situations suivantes.
¡A trabajar! / ¡A ducharse! / ¡A dormir! / ¡A comer!
a. Un niño pequeño no quiere ir a la cama.
b. Sigue jugando a la hora de la cena.
c. No le gusta estudiar.
d. No le apetece lavarse.

6 | 2 Latinoamericanos en

MI COMPAÑERA ES PERUANA

Extranjeros en España.

Se llama Olga, estudia 4º de ESO y es una chica que hace una vida como tú o cualquiera de tus compañeros. La única diferencia es que nació en Perú. Su historia es la de muchos chicos que acuden[1] hoy a las aulas de los institutos como tú, y de hecho puede que varios de tus compañeros sean hijos de gente que ha venido de otros países a buscarse la vida en el nuestro. El caso es que Olga no tiene problemas. Sus amigos son de todas partes[2]: del barrio, del instituto, españoles, peruanos… Lo suyo[3] es la diversidad. Esta chavala, que en realidad es ya toda una madrileña, tiene una hermana de 12 años. A las dos les gusta España y tienen claro que ésta es su casa y que aquí se quieren quedar. «*…la verdad es que estamos muy contentas. Lo que más nos gusta es la cultura española.*»

Aula de *El Mundo*, 31 de octubre de 2002.

1. *viennent* **2.** *de partout* **3.** *ce qui lui plaît*

1 Presenta brevemente a Olga. Di dónde vive y estudia y de dónde es.

2 Explica por qué se vinieron sus padres a España.

3 ¿Tiene problemas de integración?

4 En tu opinión, ¿por qué le gusta tanto España?

ABC…

un(a) chaval(a): *un gars, une fille (fam.)*
buscarse la vida: *gagner sa vie*
quedarse: *rester*
un(a) inmigrante: *un(e) immigrant(e)*

Básico

L'expression d'une hypothèse au subjonctif

Puede que *el señor de la foto* ***venga*** *de Latinoamérica.*
Tal vez sea *peruano.*

Les adjectifs et pronoms possessifs (révision)

Es ***nuestro*** *país. Es* ***el nuestro.***
Es ***vuestra*** *cultura. Es* ***la vuestra.***
Es ***su*** *idioma. Es* ***el suyo.***

Un adjectif indéfini

Varios (plusieurs)
Tengo ***varios*** *compañeros latinoamericanos.*

FORMAN PARTE DE ESPAÑA

1. Formar parte de: *faire partie de*

1 Describe la fotografía:
- ¿Dónde transcurre la escena?
- ¿Quiénes serán estas personas?
- ¿Qué ambiente se desprende de la fotografía?

2 Cuando ves la foto, ¿en quién te fijas primero? Explica por qué.

3 ¿Cuál es el eslogan de la campaña?

Practica

1. **Rédige des phrases avec l'expression *formar parte de*.**
a. Yo / la Cruz Roja.
b. Nosotros / un club de dominó.
c. Ellos / la sociedad española.

2. **Exprime une hypothèse au subjonctif, comme dans le modèle.**
Son amigos. → **Puede que sean** amigos.
→ **Tal vez sean** amigos.
a. Trabajan juntos.
b. Viven en el mismo barrio.
c. Juegan al dominó todas las tardes.

3. **Redacta un retrato imaginario del señor que está jugando al dominó (di su nombre, su edad, su origen, las razones por las que está en España, su opinión sobre los españoles, etc.).**

6 | 2

Abre los ojos

La calle

Fernando Botero (colombiano), *La calle*, 1987.

El movimiento

El cura va calle abajo.

La mujer de azul va calle arriba.

Las formas

El pintor no reproduce las proporciones reales.

Cuerpos voluminosos, caras redondas: el estilo de Botero.

1 Presenta el lugar donde transcurre la escena:
- describe la calle, las casas, el paisaje;
- muestra que se trata de un pueblo.

2 Precisa el momento que representa el pintor:
- ¿será un día cualquiera, un domingo, un día de fiesta? Justifica tu parecer;
- señala todos los elementos que te parezcan importantes: la hora que será, el tiempo que hace, etc.

3 Elige un personaje. Descríbelo, sitúalo, formula hipótesis sobre él (quién será, de dónde vendrá, adónde irá, etc.).

Método

DESCRIBIR A UN PERSONAJE EN UN CUADRO

El movimiento
Va calle arriba …
Va calle abajo …
Dobla la esquina …

Las actitudes
Está parado, está observando …
Está asomado …
Asoma la cabeza …

La representación
Lo vemos de frente …
Está de espaldas …
El pintor lo representa de perfil …

¿Quién es… FERNANDO BOTERO?

Fernando Botero, (Medellín 1932)

En los bodegones, en los retratos o en las esculturas, el estilo de Botero es perfectamente reconocible desde los años cincuenta: objetos, cuerpos y caras tienen las mismas formas redondas y voluminosas. Siempre figurativa, su pintura se inspira en el arte «naïf», por el carácter estático y las curiosas proporciones de los personajes representados.

Bilan

Le conditionnel

■ Comme le futur, le conditionnel a l'infinitif du verbe pour radical. Les terminaisons sont celles d'un imparfait du deuxième ou troisième groupe : **ía, ías, ía, íamos, íais, ían**.

Hablar	Comer	Vivir
habla**ría**	come**ría**	vivi**ría**
habla**rías**	come**rías**	vivi**rías**
habla**ría**	come**ría**	vivi**ría**
habla**ríamos**	come**ríamos**	vivi**ríamos**
habla**ríais**	come**ríais**	vivi**ríais**
habla**rían**	come**rían**	vivi**rían**

■ Les irrégularités ne concernent que le radical et sont les mêmes qu'au futur.

Infinitif		Radical		Terminaison
hacer		**har**		**ía**
poder		**podr**	↗	**ías**
poner	→	**pondr**	→	**ía**
saber		**sabr**	↘	**íamos**
tener		**tendr**		**íais**
venir		**vendr**		**ían**

■ Quand on envisage l'avenir, on emploie le futur. Mais quand on parle de quelqu'un qui envisageait l'avenir à un moment du passé, on emploie le conditionnel. C'est la règle de concordance des temps, qui est la même qu'en français.

• ***Me llama*** *para decirme que* ***vendrá*** *pronto.*

Il m'appelle pour me dire qu'il viendra bientôt.

• ***Me llamó*** *para decirme que* ***vendría*** *pronto.*

Il m'appela pour me dire qu'il viendrait bientôt.

Exprime au passé les phrases suivantes.

a. Dice que llegará pronto.
b. Me promete que siempre seremos amigos.
c. Me cuenta lo que hará en el futuro.
d. Decide que irá al cine más tarde.
e. Afirma que vendrán los extraterrestres.

L'expression de l'hypothèse au subjonctif

Un certain nombre de formules, toutes suivies du subjonctif, servent à exprimer l'hypothèse. Citons **puede que, es posible que, tal vez** ou **quizás**.

Puede que… **Es posible que…** **Tal vez…** **Quizás…**	los hombres **vayan** a Marte un día.

Exprime ces prédictions au futur sous la forme d'une hypothèse au subjonctif.

a. Los hombres colonizarán otros planetas en el futuro.
b. Viviremos en casas informatizadas.
c. Viajaré a la luna para un fin de semana.
d. Serás más feliz, hijo mío.
e. En el 2025, el hombre se curará con alimentos.

1 Si tuviera ...

En España también, los jóvenes son grandes lectores de *Harry Potter*. Estos son algunos de sus objetos mágicos. Lee su definición y di lo que harías si los tuvieras.

El mapa mágico: sirve para saber dónde está la gente en Hogwarts.

La escoba mágica: sirve para volar.

El reloj de arena mágico: con él puedes volver al pasado.

La bola de cristal: te permite ver el futuro.

El espejo mágico: te muestra tu mayor deseo.

La canica mágica: ella te recuerda lo que tienes que hacer.

2 ¿Quién será?

1 Describe la fotografía y señala todo lo que te parezca curioso en esta escena.

2 Expresa estas hipótesis en subjuntivo. Luego inventa otras.

- ¿Será un brujo?
- ¿Hará magia?
- ¿Venderá clavos?
- ¿Tendrá poderes mágicos?
- ¿Fabricará filtros?

En un mercadillo andaluz.

6 | 3 Yo pediría ...

EL GENIO DE LA PLAYA

Escobar (español), *Zipi y Zape, ¡Vaya par de gemelos!*, 2000.

1. tonterías: *des bêtises* **2.** bobos: *idiots*

1 **Di dónde están Zipi y Zape y lo que han encontrado.**

2 **¿Qué les gustaría a Zipi y Zape? Explica por qué.**

3 **Cuenta la reacción de la familia.**
No se lo pueden creer: de pronto ...
Están locos de contentos: a cualquiera le gustaría ...

4 **«No pidáis tonterías», dice el padre. Explica la escena del segundo deseo.**

ABC...

el deseo: *le désir, le souhait, le vœu*
¡qué maravilla!: *quelle merveille !*
¡qué pasada!: *c'est trop ! (fam.)*

la gente: *les gens*
el gentío: *la foule*
la soledad: *la solitude*

Básico

L'IMPARFAIT DU SUBJONCTIF : *SER* ET *ESTAR*

Ser	Estar
fuera	estuviera
fueras	estuvieras
fuera	estuviera
fuéramos	estuviéramos
fuerais	estuvierais
fueran	estuvieran

LA PHRASE CONDITIONNELLE

***Si fuera** Zipi, **pediría** una guitarra.*
↑ imparfait du subjonctif ↑ conditionnel

L'APOCOPE

El primero. → *El prim**er** deseo.*
El tercero. → *El terc**er** deseo.*

LOS TRES DESEOS

Escobar (español), *Zipi y Zape*, *¡Vaya par de gemelos!*, 2000.

1. ligar: *« draguer » (fam.)* 2. fichar por: *signer à*

1 **Recuerda: ¿cuáles fueron los dos primeros deseos de Zipi y Zape?**

2 **Explica cuál es la situación ahora.**

3 **Lee el tercer deseo de cada uno. ¿Son diferentes los deseos de los mayores y los de los niños?**

4 **Tú, ¿qué pedirías al genio? ¿Y tus padres?**
Si yo fuera uno de los niños, me gustaría ...
Si mis padres estuvieran en esa playa, pedirían ...

ABC...

los sueños: *les rêves*
soñar con (*diphtongue* : ue): *rêver de*
¡es fabuloso!: *c'est fabuleux!*

la fama: *la célébrité*
ser famoso: *être célèbre*

Practica

1. Complète les phrases avec trois exclamations de joie tirées de la bande dessinée.
a. Mis padres me han regalado una guitarra eléctrica: ¡ ... !
b. No hay nadie en la playa: ¡ ... !
c. Mi cantante favorito me ha firmado un autógrafo: ¡ ... !

2. Lis ce que dit le génie. Quelle est la traduction qui convient ?
«¡Claro! Todo lo que pidan será suyo.»
a. Bien sûr ! Tout ce qu'ils demanderont sera à eux.
b. Bien sûr ! Tout ce que vous demanderez sera à vous.
c. Bien sûr ! Tout ce qu'ils demanderont sera à lui.

3. Rédige des phrases conditionnelles en suivant le modèle.
Yo / ser rico / ir a México.
➜ Si fuera rico, iría a México.
a. tú / ser mayor / ver películas de horror.
b. ella / ser más joven / viajar mucho.
c. nosotros / estar en el gobierno / defender la naturaleza.
d. ellos / estar en España / comer paella.

Si fuera a una isla

REDACCIÓN RÁPIDA

La profe dijo de repente:
- Sacad un papel en blanco y bolígrafo. Vais a apuntar ahí, con toda sinceridad, lo que os llevaríais a una isla desierta si os dejaran elegir[1].
Hubo el barullo[2] lógico. Abucheos[3], silbidos. Pero a la gente le gustó la idea. La profe agregó:
- Repito: sed sinceros y poned lo que en realidad os llevaríais. Cosas que sean posibles.
Alguien habló de comida, porque sin alimento no habría juego ni supervivencia.
- Por supuesto, tendríais asegurado el alimento y las necesidades básicas. Tenéis un minuto para escribirlo.
Las protestas se generalizaron. La gente estaba bastante nerviosa ante la perspectiva de no saber qué decir.
- Tenéis cuarenta y cinco segundos…
La profe miró su reloj de pulsera con expresión profunda y severa. Adiós cachondeo[4].

Javier García Sánchez (español), *Óscar atleta*, 1996.

1. *si on vous laissait choisir* 2. *le remue-ménage* 3. *des huées* 4. *finie la rigolade*

1 **En esta redacción, ¿qué tienen que hacer los alumnos?**

2 **¿Cuál es la reacción de la clase?**
Los alumnos hacen como si no estuvieran contentos.
Por ejemplo, …
Pero en el fondo, …

3 **Explica las reglas del juego.**

4 **Muestra cómo la profesora no se deja influenciar.**

¿Qué te llevarías?

ABC…

la profe: *la prof (fam.)*
el bolígrafo: *le stylo à bille*

protestar: *protester*
las protestas: *les protestations*
silbar: *siffler*
los silbidos: *les sifflets*

Archívalo

Por supuesto *(évidemment)*
Sin alimentos, **por supuesto,** no se podría sobrevivir.

Básico

L'imparfait du subjonctif

• Les verbes réguliers

Hablar	Comer	Vivir
habl**ara**	com**iera**	viv**iera**
habl**aras**	com**ieras**	viv**ieras**
habl**ara**	com**iera**	viv**iera**
habl**áramos**	com**iéramos**	viv**iéramos**
habl**arais**	com**ierais**	viv**ierais**
habl**aran**	com**ieran**	viv**ieran**

• La formation des irréguliers
Radical : troisième personne du pluriel du passé simple.
Terminaisons : **ra, ras, ra, ramos, rais, ran.**
poder → **pudie**ron (radical) → **pudiera** …
querer → **quisie**ron (radical) → **quisiera** …

Poder	Querer
pudiera	quisiera
pudieras	quisieras
pudiera	quisiera
pudiéramos	quisiéramos
pudierais	quisierais
pudieran	quisieran

Le subjonctif imparfait est obligatoire après **como si.**
*Hacen **como si no estuvieran** contentos.*

YO ME LLEVARÍA ...

Empezó, pues, la lectura de las peticiones. Ahí cada uno se fue delatando[1]. Iván, alias Tonelete[2] porque posiblemente tenía algunos kilos de más, se llevaría un saco de chucherías[3] a la isla. Un clamor, al que siguió una salva de aplausos y vítores[4] sacudió el aula hasta los cimientos. Luego le tocó el turno a Carlos Mauri, el empollón de la clase: se llevaría algunas novelas de Stevenson y las obras completas de Julio Verne.

Más abucheos. Estaba claro que Tonelete tenía mayor carisma[5]. Después, fueron leídos los papeles de varios chicos y chicas que ponían una sola palabra en su hoja: «Nada». Se les silbó por poco originales. Hubo unos cuantos que afirmaron querer llevarse una tele. Ana, una de las chicas más simpáticas de la clase, se llevaría un radio cassette. Adriana había escrito, con su caligrafía menuda y pulcra: «unas acuarelas»...

La profe recalcó[6] que elegir un objeto relacionado con la creación artística le parecía muy positivo. Y no tanto, dijo en tono cordial pero mirando fijamente a Tonelete, atiborrarse de «chuches», incluso en una isla desierta.

Javier García Sánchez (español), *Óscar atleta*, 1996.

1. *commença à se dévoiler* **2.** *P'tit Tonneau* **3.** *sucreries* **4.** *acclamations* **5.** *popularité* **6.** *souligna*

Isla desierta.

1 **Di quiénes son Tonelete y Carlos Mauri. ¿Te extraña lo que se llevarían?**

2 **Compara la reacción de la clase frente a las dos peticiones.**

3 **Di cuáles son las demás peticiones. ¿Te parecen interesantes?**
Los hay que ...
Unos cuantos, por supuesto, ...
Pero una chica pide algo distinto: ...

Practica

1. Complète avec les quatre fins proposées.
a. Si tuviera tiempo ...
b. Si pudiera volar ...
c. Si mis padres quisieran ...
d. Si me dijeras la respuesta ...
tendría una buena nota / me compraría una moto / leería más / llegaría antes al colegio

2. Réponds aux questions, en imitant le modèle.
¿Está enfadada la profe? → No, hace como si estuviera enfadada.
a. ¿Tienen miedo los alumnos?
b. ¿Son sinceros en sus respuestas?
c. ¿Les gusta esta prueba?
d. ¿Detestan al empollón?

3. Redacción rápida, como en el texto: escribe en un minuto lo que te llevarías a una isla desierta y dale tu papel al profesor.
Si me fuera a una isla desierta, ...

6 | 3 Taller de teatro
El Retablo de las

España, donde durante siglos convivieron pacíficamente cristianos, judíos y musulmanes, se volvió en el siglo XVII un país intolerante. Cervantes ridiculiza ese racismo de su época.

Adaptado de Miguel de Cervantes (siglo XVII).

Primeros pasos

1. Explica quiénes son los personajes de esta escena.
2. El presentador pretende que su teatro es mágico. Explica por qué.
3. Empieza el «espectáculo»:
El presentador pretende que se ve …
Y en realidad …
Pero los espectadores hacen como si …
4. ¿Por qué tiene miedo el público en la segunda escena?
5. Explica lo que pasa al final.

Ensayo

Practica la entonación

Tono de entusiasmo

¡Bravo, muy bien! *¡Qué bien baila!* *¡Qué bien la vemos!*

Tono asustado

¡Socorro! *¡Qué miedo!* *¡Cuidado!*

Trabajo en grupo

Un alumno hace de presentador, y la clase hace de público. Representad las dos escenas imaginadas por Cervantes. ¡Todo es falso, pero el público hace como si viera algo!

Presentador - ¡Empieza el espectáculo! Abracadabra, pata de cabra… ¡Miren! Aquí aparece una muchacha que baila. ¿La ven? ¿La ven?
Público - ¡Qué bien baila la niña! ¡Qué bien la vemos!
Presentador - Y ahora aparece un toro furioso: ¡cuidado!
Público - ¡Ah, qué miedo, socorro, socorro!

Imaginad otras escenas: puede aparecer un elefante imaginario, puede provocarse un falso incendio, etc.
Ensayadlas por grupos y representadlas, cuidando la actuación (el tono, los gestos, las exclamaciones…).

Interpretación

Tratad de escribir colectivamente una adaptación moderna de este tema tradicional: el engañabobos.
Imaginad en particular quiénes serían los que no pueden ver el teatro: los mentirosos, los perezosos, etc.
Podéis reutilizar todas las expresiones de la grabación:
- para presentar: «Señoras y señores …», «Vamos a presentar», «¡Abracadabra, pata de cabra!»;
- para expresar el miedo: «¡Cuidado!», «¡Socorro!»;
- para expresar el entusiasmo: «¡Qué maravilla!», «¡Qué bien!».

Bilan

L'imparfait du subjonctif

■ Pour le former, il faut bien connaître la conjugaison du passé simple :
- on prend la troisième personne du pluriel du passé simple (habl**aron**, com**ieron**, **fueron** …) ;
- on introduit les terminaisons suivantes : **ra, ras, ra, ramos, rais, ran.**

Hablar	Vivir	Decir	Poder
habl**ara**	viv**iera**	dij**era**	pud**iera**
habl**aras**	viv**ieras**	dij**eras**	pud**ieras**
habl**ara**	viv**iera**	dij**era**	pud**iera**
habl**áramos**	viv**iéramos**	dij**éramos**	pud**iéramos**
habl**arais**	viv**ierais**	dij**erais**	pud**ierais**
habl**aran**	viv**ieran**	dij**eran**	pud**ieran**

■ Remarque : il ne faut pas oublier l'accent écrit à la première personne du pluriel.

Emplois de l'imparfait du subjonctif

La concordance des temps dans la subordonnée

Dans une subordonnée au subjonctif, on emploie le subjonctif présent lorsque le verbe principal est au présent, et le subjonctif imparfait lorsque le verbe principal est au passé. Cette concordance est obligatoire.
Quiero que *me ayudes.* / ***Quería que*** *me ayudaras.*

Mets le verbe principal à l'imparfait et fais la concordance des temps.
a. El genio le pide que diga un deseo.
b. El padre no quiere que pidan tonterías.
c. La madre desea que el genio le regale un diamante.
d. El niño prefiere que el genio lo haga famoso.

L'expression d'une condition irréalisable

Le français emploie l'imparfait de l'indicatif dans la subordonnée et le conditionnel dans la principale : « Si j'étais riche, j'irais au Mexique. »
L'espagnol emploie l'imparfait du subjonctif dans la subordonnée et le conditionnel dans la principale : ***Si fuera*** *rico,* ***iría*** *a México.*

Mets en rapport logique les propositions principales et les subordonnées.

Si hiciera calor …	… cogería el paraguas.
Si lloviera …	… practicaríais el surf.
Si nevara …	… iríamos a la playa.
Si soplara el viento …	… podrías esquiar.

Après *como si*

On emploie obligatoirement le subjonctif imparfait après **como si.**
Nos trata ***como si fuéramos*** *niños.* Il nous traite comme si nous étions des enfants.

Complète les phrases, en suivant le modèle.
Oye perfectamente, pero hace como si no oyera.
a. Ves muy bien, pero haces como si no …
b. Le gustan los caramelos, pero hace como si no …
c. Estoy en casa, pero hago como si no …
d. Tienen mucho dinero, pero hacen como si no …
e. No escucháis nunca, pero hacéis como si …

Ponle fin al cuento ...

La mejor amiga
de la hormiga Miga
era la jirafa Rafa.
Durante mucho tiempo las dos amigas no se conocían porque la distancia entre ellas era tan grande que no podían verse aunque se cruzaran por el camino.
La hormiga Miga, por más que levantara la cabeza, no lograba ver más arriba de las flores y los juncos del prado. Y la jirafa Rafa, por más que agachara la cabeza, no lograba distinguir una piedra de una boñiga de vaca.
La hormiga Miga no imaginaba que existieran seres tan altos como la jirafa Rafa. Y la jirafa Rafa no pensaba que...

Emili Teixidor

1 Termina a tu manera la última frase del texto.

2 Completa la historia. Cuenta cómo la Hormiga Miga pudo conocer a la Jirafa Rafa.
- Introduce otros personajes: el Gusano Sano; la Langosta Angosta; el Escarabajo Bajo; el Ruiseñor Señor.
- Imagina que la Hormiga les pide ayuda para subir hasta la Jirafa: ¿cuál de ellos va a aceptar?
- Imagina un desenlace feliz, triste o divertido. En España, para terminar los cuentos, existe una fórmula ritual:

«¡Y colorín colorado, este cuento se ha acabado!»

Précis grammatical

I. Prononciation et orthographe

1. L'alphabet

Les lettres sont féminines en espagnol : « **la a** », « **la b** »…
Longtemps, l'alphabet espagnol a compté 29 lettres, 3 de plus que le français : **la ch (che)**, **la ll (elle)**, et **la ñ (eñe)**. L'ordre alphabétique était donc *a, b, c, **ch**, d, … k, l, **ll**, m, …*
En 1994, la Academia de la Lengua a supprimé la **ch** et la **ll**. Tous les dictionnaires édités depuis cette date en Espagne se conforment donc à l'ordre suivant.

a (a) ; **b** (be) ; **c** (ce) ; **d** (de) ; **e** (e) ; **f** (efe) ; **g** (ge) ; **h** (hache) ; **i** (i) ; **j** (jota) ; **k** (ka) ; **l** (ele) ; **m** (eme) ; **n** (ene) ; **ñ** (eñe) ; **o** (o) ; **p** (pe) ; **q** (cu) ; **r** (erre) ; **s** (ese) ; **t** (te) ; **u** (u) ; **v** (uve) ; **w** (uve doble) ; **x** (equis) ; **y** (i griega) ; **z** (zeta).

2. Accent tonique et accent écrit

■ Quand il prononce un mot, un Espagnol insiste sur une des syllabes : c'est l'**accent tonique**. Cet accent a une place naturelle : il est donc, dans ce cas, inutile de l'indiquer. C'est lorsqu'il n'est pas à sa place qu'il faut le signaler par un **accent écrit**.

	L'accent est à sa place : je ne l'écris pas.	L'accent n'est pas à sa place : je l'écris.
Mots terminés par une voyelle, un **n** ou un **s** : l'accent tonique est normalement sur l'avant-dernière syllabe.	dime joven canciones ingleses	d**í**melo j**ó**venes canci**ó**n ingl**é**s
Mots terminés par une consonne autre que **n** ou **s** : l'accent tonique est normalement sur la dernière syllabe.	decir cantad azul	**á**rbol f**ú**tbol f**á**cil

■ Les mots interrogatifs et exclamatifs portent toujours un accent écrit : **quién, qué, dónde, cómo**, etc.

- *¿Cómo estás?* (interrogatif : accent)
- *Soy como tú.* (comparaison : pas d'accent)

3. Modifications orthographiques

Pour qu'un mot conserve sa prononciation, il faut parfois modifier son orthographe.

Prononciation	Orthographe espagnole				
comme « **gu**itare » en français	ga	**gue**	**gui**	go	gu
comme « **c**afé » en français	ca	**que**	**qui**	co	cu
comme « **th**ink » en anglais	za	**ce**	**ci**	zo	zu
le son de la *jota* espagnole	ja	**je** ou **ge**	**ji** ou **gi**	jo	ju

es rico (il est riche) → *es riquísimo* (il est très riche)
juego (je joue) → *quiero que juegues* (je veux que tu joues)
la actriz (l'actrice) → *las actrices* (les actrices)
coger (prendre) → *cojo* (je prends)

■ Si l'on veut prononcer séparément les groupes **gui** ou **gue**, il faut écrire un tréma sur le **u** : *la vergüenza* (la honte).

4. Changements de voyelles

Les conjonctions **y** et **o** changent parfois de forme :
- **y** devient **e** devant un **i** ou **hi** ;
- **o** devient **u** devant **o** ou **ho**.

- *padres **e** hijos* (parents et enfants)
- *diferentes **e** idénticos* (différents et identiques)
- *siete **u** ocho* (sept ou huit)
- *mujer **u** hombre* (femme ou homme)

II. Le groupe nominal

1. Le masculin et le féminin

a) Les noms

■ Les noms terminés en **-o** sont généralement masculins et les noms terminés en **-a** sont majoritairement féminins : ***el** amigo*, ***la** alumna*. Mais il existe de nombreuses exceptions : *el día, el problema, el poeta, el idioma, la mano, la modelo …*

■ Les noms terminés en **-ista** et **-ante** ont les deux genres.

- ***el** deport**ista** español, **la** deport**ista** francesa*
- ***el** cant**ante** cubano, **la** cant**ante** inglesa*

■ Les noms terminés en **-or** ont des formes féminines en **-ora** : ***el** profes**or***, ***la** profes**ora***.

b) Les adjectifs qualificatifs

■ Les adjectifs en **-o** ont un féminin en **-a**. Mais les adjectifs terminés par une autre voyelle que **o** sont invariables.

- *el alumno moren**o**, la alumna moren**a***
- *mi amigo es mexican**o**, mi amiga es mexican**a***
- *el chico alegr**e**, la chica alegr**e***
- *el compañero marroquí, la compañera marroquí*

■ Les adjectifs terminés par une consonne sont invariables. Exceptions : les adjectifs de nationalité et les adjectifs en **-ín, -ón, -án, -or**.

- *un compositor actu**al**, la música actu**al***
- *el perro fer**oz**, la perra fer**oz***
- *el profesor franc**és**, la profesora franc**esa***
- *un hombre hablad**or**, una mujer hablad**ora***

2. La formation du pluriel

■ Les noms et les adjectifs les plus courants ont un pluriel en **-s** après une voyelle et en **-es** après une consonne.

- *el chic**o** rubi**o**, los chic**os** rubi**os***
- *el jov**en** artist**a**, los jóv**enes** artist**as***

■ Les noms et adjectifs terminés par **-í** ou **-y** ont un pluriel en **-es**.

- *el jugador marroquí, los jugadores marroqu**íes***
- *el re**y** de España, los re**yes** de España*

3. Les articles

a) Les articles définis

■ Au masculin : ***el** profesor*, ***los** profesores*.
■ Au féminin : ***la** compañera*, ***las** compañeras*.

b) Les articles indéfinis

■ Au masculin : ***un** alumno*, *alumnos* (un élève, des élèves).

■ Au féminin : ***una*** *amiga*, *amigas* (une amie, des amies).
Lorsque le nom est au pluriel, on n'emploie pas d'article indéfini. ***Unos*** *alumnos (**unas** alumnas)* ne signifie pas « **des** » élèves mais « **quelques** » élèves.

c) Les contractions

■ *de + el = **del*** → *Los alumnos **del** colegio.*
■ *a + el = **al*** → *Te presento **al** compañero de Julia.*

d) L'emploi de *el* au lieu de *la*

■ Lorsqu'un nom féminin commence par un **a** tonique (orthographié **a** ou **ha**), on utilise l'article **el**. Le mot reste toutefois féminin.

***el** águila negra, **el** agua clara, **el** hambre gigantesca*

■ Si le **a** n'est pas tonique, on garde l'article **la**.

***la** amapola, **la** astucia*

e) L'article à la place du démonstratif français

■ Devant un relatif, l'article espagnol correspond au démonstratif français.

- ***El que** lleva el pantalón negro.* Celui qui porte le pantalon noir.
- ***Los que** están en mi clase.* Ceux qui sont dans ma classe.

■ On emploie l'expression **el de, la de, los de, las de** pour donner une précision sur une personne ou une chose. On rend cette tournure par le démonstratif ou par une relative.

- ***el de** la izquierda* : celui de gauche, celui qui est à gauche
- ***la del** pantalón rojo* : celle qui a le pantalon rouge

f) L'article neutre *lo*

On peut l'employer devant un relatif ou un adjectif.

- *No entiendo **lo que** dices.* Je ne comprends pas ce que tu dis.
- ***Lo interesante** de esta foto.* Ce qui est intéressant dans cette photo.

4. Les numéraux

Unités	Dizaines	Centaines	Milliers
1 uno	10 diez	100 cien	1 000 mil
2 dos	20 veinte	200 doscientos	2 000 dos mil
3 tres	30 treinta	300 trescientos	3 000 tres mil
4 cuatro	40 cuarenta	400 cuatrocientos	4 000 cuatro mil
5 cinco	50 cincuenta	500 quinientos	5 000 cinco mil
6 seis	60 sesenta	600 seiscientos	6 000 seis mil
7 siete	70 setenta	700 setecientos	7 000 siete mil
8 ocho	80 ochenta	800 ochocientos	8 000 ocho mil
9 nueve	90 noventa	900 novecientos	9 000 nueve mil

■ Entre 10 et 15.

diez, once, doce, trece, catorce, quince

■ De 16 à 29, on les écrit généralement en un seul mot.

dieciséis, diecisiete, dieciocho, diecinueve, veinte, veintiuno, veintidós, veintitrés, veinticuatro, veinticinco, veintiséis, veintisiete, veintiocho, veintinueve

■ À partir de 31, le **y** devient obligatoire entre la dizaine et l'unité.

*treinta **y** uno, treinta **y** dos (...) noventa **y** nueve*

■ À partir de 200, les centaines sont considérées comme des adjectifs. Elles peuvent donc avoir les deux genres.

- *trescient**os** trece pas**os***
- *cuatrocient**as** cincuenta person**as***

5. Les pronoms personnels

a) Les formes

Sujet	Complément direct	Complément indirect	Après une préposition (a, de, para, por, sin ...)
yo tú él, ella, usted nosotros, nosotras vosotros, vosotras ellos, ellas, ustedes	me te lo, la nos os los, las	me te le nos os les	mí ti él, ella, usted nosotros, nosotras vosotros, vosotras ellos, ellas, ustedes

■ Le pronom personnel sujet s'utilise pour marquer une insistance : *yo digo que no* (moi, je dis non).
■ Quand le complément est réfléchi :
- on emploie **se** pour la troisième personne du verbe ; *se lava, se lavan*
- on emploie **sí** (parfois renforcé par **mismo**) après une préposition.

*se preguntó a **sí mismo*** (il se demanda à lui-même) / *siempre hablan de **sí mismos*** (ils parlent toujours d'eux-mêmes)

■ Il existe trois formes spéciales de la préposition **con**.

conmigo (avec moi) / **contigo** (avec toi) / **consigo** (avec soi)

■ Lorsque deux pronoms se suivent à la troisième personne, le pronom indirect espagnol **le** devient **se**.

***Se lo** digo.* Je le lui dis.

b) Marquer la politesse en espagnol

■ Pour marquer la politesse, le français emploie la deuxième personne du pluriel : « Comment allez-vous, Monsieur ? ». **L'espagnol se sert de la troisième personne, pour le verbe, le pronom personnel, les possessifs.** Cela peut sembler étrange, mais c'est ainsi que l'on s'adresse par exemple à un roi en français. On ne lui dit pas : « Voulez-vous que je vous apporte votre café ? » On lui dit : « Votre Majesté veut-elle que je lui apporte son café? ».

C'est bien ce que fait l'espagnol, mais pour cela il utilise un pronom personnel particulier, **usted**, qui est la contraction d'une vieille formule : *Vuestra Merced* (Votre Grâce).

Tutoiement = 2e personne	Vouvoiement = 3e personne
¿Cómo est**ás**, amigo? ¿Cómo **te** llam**as**, colega? ¿Cuál es **tu** número de teléfono?	¿Cómo est**á** **usted**, señora? ¿Cómo **se** llam**a** **usted**, señor? ¿Cuál es **su** número de teléfono?

Attention : *Usted* s'écrit aussi parfois *Ud.* ou *Vd.* en abrégé.
■ On peut bien sûr aussi marquer le tutoiement et le vouvoiement au pluriel, de la même manière :
- *¿Cómo est**áis**, amigos?* 2e personne du pluriel : tutoiement collectif.
- *¿Cómo est**án** **ustedes**, señores?* 3e personne du pluriel : vouvoiement collectif.

■ Il y a donc trois « vous » en espagnol :
- une seule personne que l'on vouvoie : **usted** ;
- plusieurs personnes que l'on tutoie : **vosotros, vosotras** ;
- plusieurs personnes que l'on vouvoie : **ustedes**.

c) La traduction du pronom indéfini « on »

■ On = quelqu'un, les gens (ni celui qui parle ni son interlocuteur) ➜ **troisième personne du pluriel**

- ***Han** llamado a la puerta.* On a frappé à la porte.
- ***Cuentan** que un príncipe...* On raconte qu'un prince...

■ On = un fait général ➜ ***se*** **+ troisième personne du singulier ou du pluriel**

- ***Se habla** español en América Latina.* On parle espagnol en Amérique latine.
- *En México **se comen** tortillas de maíz.* Au Mexique, on mange des tortillas de maïs.

■ On = celui ou celle qui parle ➜ **uno, una**

- ***Uno** no sabe qué decir.* On ne sait pas quoi dire. (c'est un homme qui parle)
- ***Una** no sabe qué pensar.* On ne sait pas quoi penser. (c'est une femme qui parle)

■ On = nous (français parlé) ➜ **première personne du pluriel**

*Mañana **iremos** al cine.* Demain on ira au cinéma. (= nous irons au cinéma)

6. Les adjectifs et pronoms possessifs

Adjectifs *(mon, ton, son, ma, ta, sa, etc.)*	Pronoms *(le mien, le tien, le sien, la mienne, la tienne, la sienne, etc.)*
mi	el mío, la mía
tu	el tuyo, la tuya
su	el suyo, la suya
nuestro, nuestra	el nuestro, la nuestra
vuestro, vuestra	el vuestro, la vuestra
su	el suyo, la suya

7. Les adjectifs et pronoms démonstratifs

L'espagnol a trois démonstratifs qui correspondent aux trois personnes *(yo, tú, él* ou *ella)* et aux trois adverbes de lieu *(aquí, ahí, allí* ou *allá)*. Ils marquent chacun l'éloignement plus ou moins grand par rapport à celui qui parle, dans l'espace ou dans le temps.

este libro, **estos** libros	**esta** casa, **estas** casas
ese libro, **esos** libros	**esa** casa, **esas** casas
aquel libro, **aquellos** libros	**aquella** casa, **aquellas** casas

- ***Este** libro, aquí.* Ce livre, ici. (il est à moi, ou près de moi) /
  ***Esta** época que vivimos.* L'époque que nous vivons. (on parle d'aujourd'hui)
- ***Ese** libro, ahí.* Ce livre, là. (il est à toi, ou près de toi) /
  *Me hablas de tu época, pero **esa** época ya pasó, Papá.* (cette époque, la tienne)
- ***Aquel** libro, allí.* Ce livre, là-bas. (il est à lui, ou près de lui) /
  *En **aquella** época.* En ce temps-là. (c'est du passé historique, ceux qui parlent ne l'ont pas vécu)

■ Jusqu'à une époque récente, les pronoms démonstratifs (celui-ci, celui-là) se distinguaient des adjectifs par un accent écrit. *¿Cuál es tu libro? ¿Es **éste**?* « Quel est ton livre ? Celui-ci ? » On trouve donc souvent cette distinction dans les textes. Cette règle n'est plus obligatoire.

■ Il existe un **pronom démonstratif neutre**, au singulier, avec trois formes.

- ***Esto** es increíble.* C'est incroyable. (ça, ce dont je parle, ce qui se passe en ce moment)
- ***Eso** es formidable.* C'est formidable. (ça, ce dont tu me parles, ce qui vient de se passer)
- ***Aquello** fue maravilloso.* Ce fut merveilleux. (ça, cette époque dont il parle, qui n'est plus)

■ Pour la traduction de « voici », on emploie les démonstratifs.

- ***Este** es mi padre, **esta** es mi madre.* Voici mon père, voici ma mère.
- ***Estos** son mis hermanos, **estas** son mis primas.* Voici mes frères, voici mes cousines.

8. Les indéfinis

a) Les indéfinis à valeur nominale

Ils renvoient à une personne ou une chose et sont invariables.

- ***Alguien** ha venido.* Quelqu'un est venu.
- *No veo a **nadie**.* Je ne vois personne.
- *¿Has dicho **algo**?* Tu as dit quelque chose ?
- *No, no he dicho **nada**.* Non, je n'ai rien dit.

b) Les indéfinis qui expriment un nombre ou une quantité

■ Quand **todo** est complément d'objet direct, on écrit le pronom correspondant devant le verbe.

- ***Lo** he dicho **todo**.* J'ai tout dit.
- ***Los** veo a **todos**.* Je les vois tous.

■ Devant un nombre, **unos** et **unas** signifient « environ ».

*Tendrá **unos** veinte años.*
Il doit avoir environ vingt ans.

todo(s), toda(s)	tout, tous, toutes
alguno(s), alguna(s)	quelques, quelques-uns
unos, unas	quelques, certains
ninguno(s), ninguna(s)	aucun, aucune
bastante(s)	assez, assez de
demasiado(s), demasiada(s)	trop, trop de
mucho(s), mucha(s)	beaucoup, beaucoup de
poco(s), poca(s)	peu, peu de

■ **Bastante, demasiado, mucho** et **poco** s'accordent quand ils se rapportent à un nom.

- *No come* ***bastantes verduras.*** Elle ne mange pas assez de légumes.
- *Beben* ***demasiados refrescos.*** Ils boivent trop de rafraîchissements.
- *Duermo* ***muchas horas*** *cada día.* Je dors beaucoup d'heures chaque jour.
- *Estudian* ***pocas*** *asignaturas.* Ils étudient peu de matières.

c) Les indéfinis qui expriment une ressemblance ou une différence

■ **Otro(s), otra(s)** n'est jamais précédé d'un article indéfini.

- ***El otro*** *libro.* L'autre livre.
- ***Otro*** *libro.* Un autre livre.

el mismo(s), la(s) misma(s)	le (la) même, les mêmes
otro(s), otra(s)	un(e) autre, l'autre, autres
cualquier(a)	n'importe lequel (laquelle)

9. L'apocope

Dans les cas suivants, certains adjectifs perdent la voyelle ou la syllabe finale.

a) Devant un nom masculin singulier

■ **Bueno** devient **buen**.

Buenos momentos. De bons moments. / *Un* ***buen*** *momento.* Un bon moment.

■ **Malo** devient **mal**.

Una mala calificación. Une mauvaise note. / *Hace* ***mal*** *tiempo.* Il fait mauvais temps.

■ **Primero** et **tercero** deviennent **primer** et **tercer**.

El ***primer*** *día.* Le premier jour. / *El* ***tercer*** *párrafo.* Le troisième paragraphe.

■ **Alguno** et **ninguno** deviennent **algún** et **ningún**.

- *¿Hay* ***algún*** *problema,* ***alguna*** *protesta?* Y a-t-il un problème, une protestation ?
- *No, no hay* ***ningún*** *problema,* ***ninguna*** *protesta.* Non, il n'y a aucun problème, aucune protestation.

b) Devant un nom singulier, masculin ou féminin

■ **Cualquiera** devient **cualquier**.

- *¿Qué quieres comer? Yo,* ***cualquier cosa.*** Que veux-tu manger ? Moi, n'importe quoi.
- *Llámame en* ***cualquier momento.*** Appelle-moi à n'importe quel moment.

■ **Grande** devient **gran**.

- *Esta ciudad es muy grande. Es una* ***gran*** *ciudad.* C'est une grande ville.
- *Este autor es muy grande. Es un* ***gran*** *autor.* C'est un grand auteur.

III. Le système verbal

N.B. : pour la morphologie des verbes réguliers et irréguliers, voir les conjugaisons pages 178-181.

1. *Ser* ou *estar*

a) Situer dans l'espace et dans le temps

■ Pour situer dans l'**espace**, on emploie le plus souvent **estar**.

Pedro ***está*** *aquí.* Pedro est ici. / *México* ***está*** *en América.* Le Mexique est en Amérique.

■ Pour situer dans le **temps** (une date, un jour, une saison), on emploie le plus souvent **ser**.

- *Hoy* ***es*** *14 de abril.* Aujourd'hui c'est le 14 avril.
- ***Es*** *lunes.* C'est lundi.
- ***Son*** *las dos.* Il est deux heures.

■ On peut aussi utiliser **estar** pour situer dans le temps mais il faut alors employer la première personne du pluriel et une préposition.

Hoy ***estamos a*** *viernes.* Aujourd'hui nous sommes vendredi. / ***Estamos en*** *primavera.* Nous sommes au printemps.

b) Définir les choses ou les personnes

■ Devant un nom, on emploie toujours le verbe **ser**.

- *Es Isabel.* C'est Isabel.
- *El perro **es** un animal.* Le chien est un animal.
- ***Somos** alumnos.* Nous sommes élèves.
- *El señor Gutiérrez **es** médico.* Monsieur Gutiérrez est médecin.

■ Devant un adjectif, on emploie **ser** pour définir une personne ou une chose.

- *Pierre **es francés, es de Francia.*** Pierre est français. (nationalité et origine)
- *Pablo **es jugador** de baloncesto.* Pablo est joueur de basket. (profession)
- *Juan **es alto.** Juan est grand.* (caractéristique physique)
- *Rosa **es simpática.*** Rosa est sympathique. (trait de caractère)

■ Devant un adjectif, on emploie **estar** pour informer sur un état.

- *Felipe **está triste.*** Felipe est triste. (état d'âme)
- *Ana **está cansada.*** Ana est fatiguée. (état physique)
- *Juan **está enfermo.*** Juan est malade. (état de santé)

c) Rendre compte d'une action

■ **Ser + participe passé** : on insiste sur le **déroulement, l'origine** de l'action. Il s'agit de la forme passive.

- *Esta novela **fue escrita** por un novelista peruano.* Ce roman a été écrit par un romancier péruvien.
- *La puerta **fue abierta** por el viento.* La porte fut ouverte par le vent.

■ **Estar + participe passé** : on constate le **résultat** d'une action qui a eu lieu.

- *Está novela **está escrita** en español.* Ce roman est écrit en espagnol.
- *La puerta **está abierta.*** La porte est ouverte.

2. L'enclise

■ Le pronom personnel ne peut jamais précéder un infinitif, un gérondif ou un impératif.
On l'accroche à ces formes : on appelle cela l'enclise.

- *¿Puedes presentar**nos** a tu amigo?* Peux-tu nous présenter ton ami ?
- *Está lavándo**se**.* Il est en train de se laver.
- *Da**me** un beso.* Donne-moi un baiser.

■ Lorsqu'il y a deux pronoms personnels, on fait une double enclise. Dans ce cas, l'accent tonique remontant au-delà de l'avant-dernière syllabe, il est toujours écrit.

- ***Te lo** quiero comprar.* → *Quiero comprár**telo**.* Je veux te l'acheter.
- ***Se lo** está vendiendo.* → *Está vendiéndo**selo**.* Il est en train de le lui vendre.
- *Di**me** la verdad.* → *Dí**mela**.* Dis-la moi.

3. Les tournures indirectes

■ **Gustar** (plaire), **doler** (faire mal), **dar miedo** (faire peur) et de nombreux autres verbes se construisent avec :
• un pronom personnel complément d'objet indirect *(**me** gusta, **te** dan miedo)* qui dit la personne sur qui porte l'action ;
• un sujet, exprimé ou non, qui dit celui qui est à l'origine de l'action *(me gust**a el queso**, te dan miedo **los perros**, os dan asco **las cucarachas**)*. Le verbe s'accorde bien sûr avec le sujet.
■ On peut insister sur la personne concernée par l'action. Dans ce cas, on se sert de la préposition **a** : ***a mí** me gusta, **a ti** te gusta …*

4. Exprimer des nuances de l'action

a) L'habitude : verbe *soler* (conjugué) + infinitif

On emploie le verbe diphtongue **soler** suivi de l'infinitif. On peut traduire par un verbe (« avoir l'habitude de »), mais aussi par une expression (« normalement », « généralement », « d'habitude »…).

- ***Suelo desayunar** café con leche.* J'ai l'habitude de prendre du café au lait au petit déjeuner.
- *En Madrid los inviernos **suelen ser** fríos.* À Madrid, les hivers sont généralement froids.

b) **La répétition : tournure *volver a* (conjuguée) + infinitif**

*Leo de nuevo la lección. **Vuelvo a leer** la lección.* Je relis la leçon.

c) **Le futur immédiat : *ir a* (conjugué) + infinitif**

- *Mañana **escribiré** una carta.* Demain j'écrirai une lettre. (futur simple)
- *Hoy **voy a escribir** una carta.* Aujourd'hui je vais écrire une lettre. (futur immédiat)

d) **La forme progressive : verbe *estar* + gérondif**

- ***Estoy trabajando.*** Je travaille. (= je suis en train de travailler)
- ***Está durmiendo.*** Il dort. (= il est en train de dormir)

e) **La continuité d'une action : verbe *seguir* + gérondif**

- ***Sigo leyendo.*** Je continue à lire. Je lis encore.
- ***Sigues estudiando.*** Tu continues à travailler. Tu travailles toujours.

5. L'hypothèse

■ L'espagnol peut se servir du futur pour formuler une hypothèse.

*No sé quién llama: **será** el cartero.* Je ne sais pas qui appelle : ça doit être le facteur.

■ On peut aussi exprimer l'hypothèse avec **deber de + infinitif**.

*No sé quién llama: **debe de ser** el cartero.*

■ Un certain nombre de formules, suivies du subjonctif, servent aussi à exprimer l'hypothèse. Citons **puede que, tal vez** ou **quizás**.

- ***Puede que sea** el cartero.* Il se peut que ce soit le facteur.
- ***Tal vez traiga** carta.* Il apporte peut-être une lettre.
- ***Quizás me haya escrito** mi abuela.* Ma grand-mère m'a peut-être écrit.

6. L'obligation

■ Obligation personnelle (je dois, tu dois…) : **deber** ou **tener que**, employés avec un infinitif.

- *Los alumnos **tienen que trabajar**.* Les élèves doivent travailler.
- ***Debo escribir** a mi abuela.* Je dois écrire à ma grand-mère.

■ Obligation impersonnelle : **hay que** ou **es necesario, es menester, es preciso** suivis de l'infinitif.

- *Hoy, **hay que hablar** varias lenguas.* Aujourd'hui, il faut parler plusieurs langues.
- *Para aprender idiomas, **es necesario viajar**.* Pour apprendre des langues, il faut voyager.

7. L'ordre et la défense

■ Pour donner un ordre à la deuxième personne, on dispose des formes de l'impératif.

- *¡**Ayúdame**, amigo!* Aide-moi, mon ami !
- *¡**Ayudadme**, compañeros!* Aidez-moi, camarades !

■ Quand on veut marquer la politesse, on utilise la troisième personne du subjonctif présent, au singulier ou au pluriel.

- *¡**Ayúdeme**, señor!* Aidez-moi, monsieur !
- *¡**Ayúdenme**, señores!* Aidez-moi, messieurs !

■ Pour donner un ordre à la première personne du pluriel, de même, on se sert du subjonctif présent.

*¡**Trabajemos**!* Travaillons !

■ Pour interdire quelque chose, l'espagnol emploie la formule : **no + subjonctif présent conjugué**.

- *¡**No cantes**, por favor!* Ne chante pas, s'il te plaît !
- *¡**No coma** usted tan rápido!* Ne mangez pas si vite !
- *¡**No compréis** animales protegidos!* N'achetez pas d'animaux protégés !

IV. La phrase simple

1. La phrase négative

En plus de l'adverbe **no**, il existe plusieurs mots qui portent la négation. Par exemple : **nunca, nada, nadie, tampoco**.

- ***No*** *viajo* ***nunca*** *en tren.* Je ne voyage jamais en train.
- ***No*** *me asusta* ***nada.*** Rien ne me fait peur.
- ***No*** *te ha llamado* ***nadie.*** Personne ne t'a appelé.
- *¿No vas al colegio? ¡****No*** *voy* ***tampoco****!* Tu ne vas pas au collège ? Je n'y vais pas non plus !

Il existe une deuxième construction possible. On met le mot négatif devant le verbe et on supprime **no**.

- ***Nunca*** *viajo en tren.*
- ***Nada*** *me asusta.*
- ***Nadie*** *te ha llamado.*
- *¡****Tampoco*** *voy!*

« Mais » dans une phrase négative se rend par **No … sino …**

No *vino en tren* ***sino*** *en avión.* Il n'est pas venu en train mais en avion.

2. L'exclamation

a) L'exclamation porte sur un seul mot

¡Qué …! fait porter l'exclamation sur la qualité. On l'emploie devant un adjectif ou un nom.

- *¡****Qué*** *coche!* Quelle voiture !
- *¡****Qué*** *inteligente!* Comme c'est intelligent !

¡Cuánto(s)…! ou **¡Cuánta(s)…!** considèrent des quantités. On les emploie devant un verbe ou devant un nom.

- *¡****Cuánto*** *come!* Qu'est-ce qu'il mange !
- *¡****Cuántos*** *libros!* Que de livres !

b) L'exclamation porte à la fois sur un nom et un adjectif

La formule est : **¡Qué** + nom / **más** + adjectif !

- *¡****Qué*** *cosa* ***más*** *rara!* Quelle étrange chose !
- *¡****Qué*** *película* ***más*** *bonita!* Quel beau film !

c) L'exclamation porte sur une phrase contenant un verbe et un sujet

Il faut faire très attention à l'ordre des mots.

¡Qué + nom ou adjectif / verbe / sujet !

¡Qué lista es esta chica! Comme cette fille est intelligente !

¡Cuánto(s), cuánta(s) + nom / verbe / sujet !

¡Cuánto trabajo tienen los alumnos! Comme les élèves ont du travail !

3. Comparatifs et superlatifs

a) La comparaison

- *Los españoles se acuestan* ***más*** *tarde* ***que*** *los franceses.* (supériorité)
- *España tiene* ***menos*** *habitantes* ***que*** *Francia.* (infériorité)
- *Francia recibe* ***tantos*** *turistas* ***como*** *España.* (égalité)

Il y a quatre comparatifs irréguliers

- *bueno* → *mejor*
- *malo* → *peor*
- *grande* → *mayor*
- *pequeño* → *menor*

b) Le superlatif

- Le superlatif relatif : **el (la, los, las) más, el (la, los, las) menos**... le (la, les) plus, le (la, les) moins...

- *Es **la más alta**.* C'est la plus grande.
- *Es **el menos divertido**.* C'est le moins drôle.

Mais avec un groupe nom + adjectif, l'article ne porte que sur le nom.

*El delfín es **el** animal **más inteligente** del mundo.* Le dauphin est l'animal le plus intelligent du monde.

- Le superlatif absolu a deux formes : **muy** + adjectif ou le suffixe **-ísimo(a)** après l'adjectif.

- *Los zapatos son **muy** caros.* Les chaussures sont très chères.
- *Los zapatos son car**ísimos**.*

4. Les prépositions

a) La préposition *a*

- Elle est obligatoire devant un complément d'objet direct s'il s'agit d'une personne.

- *Antonio miró **a** su amigo.* Antonio regarda son ami.
- *Antonio miró **al** director.* Antonio regarda le directeur.

- La préposition **a** s'emploie aussi avec les verbes de mouvement.

- ***Salgo a** la calle.* Je sors dans la rue.
- ***Caigo al** agua.* Je tombe à l'eau.

b) La préposition *de*

La préposition **de** peut indiquer l'origine, la matière et l'appartenance.

- *Soy **de** México.* Je suis mexicain.
- *Es una bolsa **de** plástico.* C'est un sac en plastique.
- *Este libro es **de** Alex.* Ce livre est à Alex.

c) La préposition *con*

La préposition **con** (avec) a parfois une forme particulière. Quand elle est suivie d'un pronom personnel, aux deux premières personnes du singulier, et à la troisième personne réfléchie, elle devient **conmigo** (avec moi), **contigo** (avec toi) et **consigo** (avec soi-même).

d) Les prépositions *por* et *para*

Para	Por
*Hay que estudiar **para** progresar.* (But)	*Fue secuestrado **por** un platillo volador.* (Celui qui agit, dans une forme passive)
***Para** mí, los extraterrestres existen.* (Point de vue)	*El tren pasa **por** Lima.* (Le lieu par où l'on passe)
*Este regalo es **para** ti.* (Destinataire d'une action)	*Escribe este poema **por** amor.* (La cause d'une action)
***Para** mañana, **para** la semana que viene.* (Diverses locutions temporelles)	***Por** la mañana, **por** la tarde.* (Diverses locutions temporelles)

e) Autres prépositions (temps et lieu)

Temps
***Antes de** salir.* Avant de sortir.
***Después de** comer.* Après manger.
***Durante** la siesta.* Pendant la sieste.
***Dentro de** una hora.* Dans une heure.
***Hacia** las tres.* Vers trois heures.

Lieu
***Delante de** mi casa*. Devant ma maison.
***Detrás del** sofá*. Derrière le sofa.
***Dentro de** la caja*. Dans la boîte.
***Encima de** la mesa*. Sur la table.
***Debajo de** la cama*. Sous le lit.
***Hacia** la escuela*. Vers l'école.

5. Les adverbes

a) Quelques adverbes de lieu

Ils correspondent aux trois démonstratifs et donc aussi aux trois personnes.

- *Estoy **aquí**.* Je suis ici.
- *El libro está **ahí**, a tu lado.* Le livre est là, à côté de toi.
- *Mis amigos se han ido a vivir lejos, **allí**, en México.* Mes amis sont partis vivre loin, là-bas, au Mexique.

b) Quelques adverbes de temps

ahora, maintenant ; **antes**, avant ; **después**, après ; **ayer**, hier ; **mañana**, demain ; **pasado mañana**, après-demain ; **nunca**, jamais ; **siempre**, toujours ; **a veces**, parfois.

c) Les adverbes de manière en *-mente*

■ On les forme, comme en français, à partir du féminin de l'adjectif correspondant.

- *lento* → *lenta* → *lenta**mente***
- *fuerte* → *fuerte* → *fuerte**mente***

■ Quand l'adjectif porte un accent, l'adverbe le porte aussi.

hábil → *hábil* → *hábilmente*

V. La phrase complexe

1. Les propositions relatives

a) Propositions introduites par *que*

Ce pronom relatif est à la fois sujet (qui) et complément d'objet (que).

- *El libro **que** está en la mesa es mío.* Le livre qui est sur la table est à moi.
- *El libro **que** ves es mío.* Le livre que tu vois est à moi.

b) Le pronom relatif après une préposition

■ Si le pronom relatif représente une personne, on a le choix entre **quien (quienes)** ou **el (la, los, las) que**.

- *El hombre **de quien** te hablo se llama Julio* ou *El hombre **del que** te hablo se llama Julio.* L'homme dont je te parle s'appelle Julio.
- *Las amigas **con quienes** voy a la playa se llaman Ana y Valentina* ou *Las amigas **con las que** voy a la playa se llaman Ana y Valentina.* Les amies avec qui je vais à la plage s'appellent Ana et Valentina.

■ Si le pronom relatif ne représente pas une personne, on emploie **el (la, los, las) que** après la préposition correspondante.

- *Es un viaje **para el que** me preparo.* C'est un voyage pour lequel je me prépare.
- *Son unas playas **por las que** me gusta pasear.* Ce sont des plages sur lesquelles j'aime me promener.

2. Les propositions complétives

a) Pour déclarer quelque chose : l'indicatif

Il n'y a pas ici de différence par rapport au français : les deux langues appliquent la même concordance des temps.

Présent	Passé
***Pienso** que Ana **está** cansada.* Je pense qu'Ana est fatiguée.	***Pensaba** que Ana **estaba** cansada.* Je pensais qu'Ana était fatiguée.
*Le **pregunto** si **vendrá**.* Je lui demande s'il viendra.	*Le **pregunté** si **vendría**.* Je lui ai demandé s'il viendrait.

b) Pour exprimer l'ordre et le souhait : le subjonctif

■ Comme en français « vouloir que », **querer que** implique le subjonctif. **Decir que** et **pedir que** + subjonctif équivalent au français « dire de » et « demander de » + infinitif.

- ***Quiero que** me **invite.*** Je veux qu'il m'invite.
- *La madre **le dice** a su hijo **que baje** a comprar la leche.* La mère dit à son fils de descendre acheter le lait.
- *El maestro **les pide que escriban** una carta.* Le maître d'école leur demande d'écrire une lettre.

■ La concordance des temps est obligatoire en espagnol : un temps du passé dans la principale implique le subjonctif imparfait dans la subordonnée.

- ***Quería que** me **invitara.***
- *La madre **le dijo** a su hijo **que bajara.***
- *El maestro **les pidió que escribieran** una carta.*

c) Pour exprimer certains sentiments, jugements ou points de vue (peur, étonnement, etc.) : le subjonctif

- *La niña **tiene miedo de que** los Reyes Magos no le **traigan** nada.* La petite fille a peur que les Rois Mages ne lui apportent rien.
- ***Me extraña que** esta niña no **sepa** lo que quiere.* Je m'étonne de ce que cette petite fille ne sache pas ce qu'elle veut.

Ici aussi, la concordance des temps est obligatoire.

- *La niña **tenía miedo de que** los Reyes Magos no le **trajeran** nada.*
- ***Me extrañó que** esta niña no **supiera** lo que quería.*

3. Les propositions circonstancielles

Il y a quelques différences par rapport au français dans les subordonnées temporelles, conditionnelles et concessives.

a) Les subordonnées de temps

■ Quand le français emploie le **futur de l'indicatif**, l'espagnol emploie le **présent du subjonctif** dans la subordonnée.

- ***Cuando termine** mi trabajo, iré a la playa.* Quand je finirai mon travail, j'irai à la plage.
- ***En cuanto tengamos** un momento, iremos a la playa.* Dès que nous aurons un moment, nous irons à la plage.

■ Tournure particulière : pour dire le point de rencontre de deux actions, on peut utiliser **cuando + indicatif**, mais aussi **al + infinitif**.

- ***Al llegar** a casa, vio a su hijo durmiendo.* En rentrant à la maison, elle vit son fils endormi.
- ***Cuando llegó** a casa, vio a su hijo durmiendo.*

b) Les subordonnées conditionnelles

■ Lorsqu'on envisage une hypothèse, il faut employer l'**imparfait du subjonctif** dans la subordonnée et le **conditionnel** dans la principale. Attention : le français emploie l'imparfait de l'indicatif.

*Si **tuviera** dinero, **compraría** una guitarra.* Si j'avais de l'argent, j'achèterais une guitare.

■ De même, le **subjonctif imparfait** est obligatoire après **como si**. Attention : le français emploie l'imparfait de l'indicatif.

*Hacen **como si no estuvieran** contentos.* Ils font comme s'ils n'étaient pas contents.

c) Les subordonnées concessives

La conjonction **aunque** peut être suivie de l'indicatif ou du subjonctif.
En général, on traduit par « bien que » dans le premier cas et par « même si » dans le second.

- ***Aunque** llueve, salgo a pasear.* Bien qu'il pleuve, je sors me promener. (indicatif en espagnol mais subjonctif en français).
- ***Aunque llueva,** saldré.* Même s'il pleut, je sortirai. (subjonctif en espagnol mais indicatif en français).

Conjugaison

Infinitivo *(infinitif)*	Presente de indicativo *(indicatif présent)*		Presente de subjuntivo *(subjonctif présent)*		Imperativo *(impératif)*		Pretérito imperfecto de indicativo *(indicatif imparfait)*	
LES VERBES RÉGULIERS								
HABLAR *parler*	hablo hablas habla	hablamos habláis hablan	hable hables hable	hablemos habléis hablen	habla	hablad	hablaba hablabas hablaba	hablábamos hablabais hablaban
APRENDER *apprendre*	aprendo aprendes aprende	aprendemos aprendéis aprenden	aprenda aprendas aprenda	aprendamos aprendáis aprendan	aprende	aprended	aprendía aprendías aprendía	aprendíamos aprendíais aprendían
VIVIR *vivre*	vivo vives vive	vivimos vivís viven	viva vivas viva	vivamos viváis vivan	vive	vivid	vivía vivías vivía	vivíamos vivíais vivían
LES VERBES À DIPHTONGUE E → IE O → UE								
PENSAR *penser*	pienso piensas piensa	pensamos pensáis piensan	piense pienses piense	pensemos penséis piensen	piensa	pensad	pensaba pensabas pensaba	pensábamos pensabais pensaban
ENTENDER *comprendre*	entiendo entiendes entiende	entendemos entendéis entienden	entienda entiendas entienda	entendamos entendáis entiendan	entiende	entended	entendía entendías entendía	entendíamos entendíais entendían
CONTAR *raconter*	cuento cuentas cuenta	contamos contáis cuentan	cuente cuentes cuente	contemos contéis cuenten	cuenta	contad	contaba contabas contaba	contábamos contabais contaban
MOVER *bouger*	muevo mueves mueve	movemos movéis mueven	mueva muevas mueva	movamos mováis muevan	mueve	moved	movía movías movía	movíamos movíais movían
LES VERBES À AFFAIBLISSEMENT E → I								
PEDIR *demander*	pido pides pide	pedimos pedís piden	pida pidas pida	pidamos pidáis pidan	pide	pedid	pedía pedías pedía	pedíamos pedíais pedían
Même modèle pour : seguir, corregir, despedir, elegir, impedir, medir, servir, vestir.								
LES VERBES À ALTERNANCE E → IE ET I O → UE ET U								
SENTIR *sentir, ressentir*	siento sientes siente	sentimos sentís sienten	sienta sientas sienta	sintamos sintáis sientan	siente	sentid	sentía sentías sentía	sentíamos sentíais sentían
Même modèle pour : divertir, mentir, preferir, sugerir.								
DORMIR *dormir*	duermo duermes duerme	dormimos dormís duermen	duerma duermas duerma	durmamos durmáis duerman	duerme	dormid	dormía dormías dormía	dormíamos dormíais dormían
Même modèle pour : morir.								
LES VERBES EN -ACER / -ECER / -OCER / -UCIR, TYPE CONOCER C → ZC								
CONOCER *connaître*	conozco conoces conoce	conocemos conocéis conocen	conozca conozcas conozca	conozcamos conozcáis conozcan	conoce	conoced	conocía conocías conocía	conocíamos conocíais conocían
Même modèle pour : nacer, obedecer, padecer, parecer, pertenecer, relucir.								
LES VERBES EN -DUCIR, TYPE CONDUCIR C → ZC C → J								
CONDUCIR *conduire*	conduzco conduces conduce	conducimos conducís conducen	conduzca conduzcas conduzca	conduzcamos conduzcáis conduzcan	conduce	conducid	conducía conducías conducía	conducíamos conducíais conducían
Même modèle pour : deducir, introducir, producir, traducir, seducir.								

Pretérito indefinido *(passé simple)*		Pretérito imperfecto de subjuntivo *(subjonctif imparfait)*		Futuro *(futur)*		Condicional *(conditionnel)*		Gerundio Participio pasivo *(participe passé)*
hablé	hablamos	hablara	habláramos	hablaré	hablaremos	hablaría	hablaríamos	g. hablando
hablaste	hablasteis	hablaras	hablarais	hablarás	hablaréis	hablarías	hablaríais	p. p. hablado
habló	hablaron	hablara	hablaran	hablará	hablarán	hablaría	hablarían	
aprendí	aprendimos	aprendiera	aprendiéramos	aprenderé	aprenderemos	aprendería	aprenderíamos	g. aprendiendo
aprendiste	aprendisteis	aprendieras	aprendierais	aprenderás	aprenderéis	aprenderías	aprenderíais	p. p. aprendido
aprendió	aprendieron	aprendiera	aprendieran	aprenderá	aprenderán	aprendería	aprenderían	
viví	vivimos	viviera	viviéramos	viviré	viviremos	viviría	viviríamos	g. viviendo
viviste	vivisteis	vivieras	vivierais	vivirás	viviréis	vivirías	viviríais	p. p. vivido
vivió	vivieron	viviera	vivieran	vivirá	vivirán	viviría	vivirían	
pensé	pensamos	pensara	pensáramos	pensaré	pensaremos	pensaría	pensaríamos	g. pensando
pensaste	pensasteis	pensaras	pensarais	pensarás	pensaréis	pensarías	pensaríais	p. p. pensado
pensó	pensaron	pensara	pensaran	pensará	pensarán	pensaría	pensarían	
entendí	entendimos	entendiera	entendiéramos	entenderé	entenderemos	entendería	entenderíamos	g. entendiendo
entendiste	entendisteis	entendieras	entendierais	entenderás	entenderéis	entenderías	entenderíais	p. p. entendido
entendió	entendieron	entendiera	entendieran	entenderá	entenderán	entendería	entenderían	
conté	contamos	contara	contáramos	contaré	contaremos	contaría	contaríamos	g. contando
contaste	contasteis	contaras	contarais	contarás	contaréis	contarías	contaríais	p. p. contado
contó	contaron	contara	contaran	contará	contarán	contaría	contarían	
moví	movimos	moviera	moviéramos	moveré	moveremos	movería	moveríamos	g. moviendo
moviste	movisteis	movieras	movierais	moverás	moveréis	moverías	moveríais	p. p. movido
movió	movieron	moviera	movieran	moverá	moverán	movería	moverían	
pedí	pedimos	pidiera	pidiéramos	pediré	pediremos	pediría	pediríamos	g. pidiendo
pediste	pedisteis	pidieras	pidierais	pedirás	pediréis	pedirías	pediríais	p. p. pedido
pidió	pidieron	pidiera	pidieran	pedirá	pedirán	pediría	pedirían	
Même modèle pour : seguir, corregir, despedir, elegir, impedir, medir, servir, vestir.								
sentí	sentimos	sintiera	sintiéramos	sentiré	sentiremos	sentiría	sentiríamos	g. sintiendo
sentiste	sentisteis	sintieras	sintierais	sentirás	sentiréis	sentirías	sentiríais	p. p. sentido
sintió	sintieron	sintiera	sintieran	sentirá	sentirán	sentiría	sentirían	
Même modèle pour : divertir, mentir, preferir, sugerir.								
dormí	dormimos	durmiera	durmiéramos	dormiré	dormiremos	dormiría	dormiríamos	g. durmiendo
dormiste	dormisteis	durmieras	durmierais	dormirás	dormiréis	dormirías	dormiríais	p. p. dormido
durmió	durmieron	durmiera	durmieran	dormirá	dormirán	dormiría	dormirían	
Même modèle pour : morir.								
conocí	conocimos	conociera	conociéramos	conoceré	conoceremos	conocería	conoceríamos	g. conociendo
conociste	conocisteis	conocieras	conocierais	conocerás	conoceréis	conocerías	conoceríais	p. p. conocido
conoció	conocieron	conociera	conocieran	conocerá	conocerán	conocería	conocerían	
Même modèle pour : nacer, obedecer, padecer, parecer, pertenecer, relucir.								
conduje	condujimos	condujera	condujéramos	conduciré	conduciremos	conduciría	conduciríamos	g. conduciendo
condujiste	condujisteis	condujeras	condujerais	conducirás	conduciréis	conducirías	conduciríais	p. p. conducido
condujo	condujeron	condujera	condujeran	conducirá	conducirán	conduciría	conducirían	
Même modèle pour : deducir, introducir, producir, traducir, seducir.								

Infinitivo *(infinitif)*	Presente de indicativo *(indicatif présent)*		Presente de subjuntivo *(subjonctif présent)*		Imperativo *(impératif)*		Pretérito imperfecto de indicativo *(indicatif imparfait)*	
Autres verbes irréguliers								
Andar	ando	andamos	ande	andemos			andaba	andábamos
marcher	andas	andáis	andes	andéis	anda	andad	andabas	andabais
	anda	andan	ande	anden			andaba	andaban
Caber	quepo	cabemos	quepa	quepamos			cabía	cabíamos
rentrer, tenir	cabes	cabéis	quepas	quepáis	–	cabed	cabías	cabíais
	cabe	caben	quepa	quepan			cabía	cabían
Caer	caigo	caemos	caiga	caigamos			caía	caíamos
tomber	caes	caéis	caigas	caigáis	cae	caed	caías	caíais
	cae	caen	caiga	caigan			caía	caían
Dar	doy	damos	dé	demos			daba	dábamos
donner	das	dais	des	deis	da	dad	dabas	dabais
	da	dan	dé	den			daba	daban
Decir	digo	decimos	diga	digamos			decía	decíamos
dire	dices	decís	digas	digáis	di	decid	decías	decíais
	dice	dicen	diga	digan			decía	decían
Estar	estoy	estamos	esté	estemos			estaba	estábamos
être	estás	estáis	estés	estéis	está	estad	estabas	estabais
	está	están	esté	estén			estaba	estaban
Haber	he	hemos	haya	hayamos			había	habíamos
auxiliaire avoir	has	habéis	hayas	hayáis	–	–	habías	habíais
	ha	han	haya	hayan			había	habían
Hacer	hago	hacemos	haga	hagamos			hacía	hacíamos
faire	haces	hacéis	hagas	hagáis	haz	haced	hacías	hacíais
	hace	hacen	haga	hagan			hacía	hacían
Ir	voy	vamos	vaya	vayamos			iba	íbamos
aller	vas	vais	vayas	vayáis	ve	id	ibas	ibais
	va	van	vaya	vayan			iba	iban
Oír	oigo	oímos	oiga	oigamos			oía	oíamos
entendre	oyes	oís	oigas	oigáis	oye	oíd	oías	oíais
	oye	oyen	oiga	oigan			oía	oían
Poder	puedo	podemos	pueda	podamos			podía	podíamos
pouvoir	puedes	podéis	puedas	podáis	–	–	podías	podíais
	puede	pueden	pueda	puedan			podía	podían
Poner	pongo	ponemos	ponga	pongamos			ponía	poníamos
mettre, poser	pones	ponéis	pongas	pongáis	pon	poned	ponías	poníais
	pone	ponen	ponga	pongan			ponía	ponían
Querer	quiero	queremos	quiera	queramos			quería	queríamos
vouloir, aimer	quieres	queréis	quieras	queráis	quiere	quered	querías	queríais
	quiere	quieren	quiera	quieran			quería	querían
Saber	sé	sabemos	sepa	sepamos			sabía	sabíamos
savoir	sabes	sabéis	sepas	sepáis	sabe	sabed	sabías	sabíais
	sabe	saben	sepa	sepan			sabía	sabían
Salir	salgo	salimos	salga	salgamos			salía	salíamos
sortir, partir	sales	salís	salgas	salgáis	sal	salid	salías	salíais
	sale	salen	salga	salgan			salía	salían
Ser	soy	somos	sea	seamos			era	éramos
être	eres	sois	seas	seáis	sé	sed	eras	erais
	es	son	sea	sean			era	eran
Tener	tengo	tenemos	tenga	tengamos			tenía	teníamos
avoir, posséder	tienes	tenéis	tengas	tengáis	ten	tened	tenías	teníais
	tiene	tienen	tenga	tengan			tenía	tenían
Traer	traigo	traemos	traiga	traigamos			traía	traíamos
apporter	traes	traéis	traigas	traigáis	trae	traed	traías	traíais
	trae	traen	traiga	traigan			traía	traían
Valer	valgo	valemos	valga	valgamos			valía	valíamos
valoir	vales	valéis	valgas	valgáis	vale	valed	valías	valíais
	vale	valen	valga	valgan			valía	valían
Venir	vengo	venimos	venga	vengamos			venía	veníamos
venir	vienes	venís	vengas	vengáis	ven	venid	venías	veníais
	viene	vienen	venga	vengan			venía	venían
Ver	veo	vemos	vea	veamos			veía	veíamos
voir	ves	veis	veas	veáis	ve	ved	veías	veíais
	ve	ven	vea	vean			veía	veían

Pretérito indefinido *(passé simple)*		Pretérito imperfecto de subjuntivo *(subjonctif imparfait)*		Futuro *(futur)*		Condicional *(conditionnel)*		Gerundio Participio pasivo *(participe passé)*
anduve anduviste anduvo	anduvimos anduvisteis anduvieron	anduviera anduvieras anduviera	anduviéramos anduvierais anduvieran	andaré andarás andará	andaremos andaréis andarán	andaría andarías andaría	andaríamos andaríais andarían	g. andando p.p. andado
cupe cupiste cupo	cupimos cupisteis cupieron	cupiera cupieras cupiera	cupiéramos cupierais cupieran	cabré cabrás cabrá	cabremos cabréis cabrán	cabría cabrías cabría	cabríamos cabríais cabrían	g. cabiendo p.p. cabido
caí caíste cayó	caímos caísteis cayeron	cayera cayeras cayera	cayéramos cayerais cayeran	caeré caerás caerá	caeremos caeréis caerán	caería caerías caería	caeríamos caeríais caerían	g. cayendo p.p. caído
di diste dio	dimos disteis dieron	diera dieras diera	diéramos dierais dieran	daré darás dará	daremos daréis darán	daría darías daría	daríamos daríais darían	g. dando p.p. dado
dije dijiste dijo	dijimos dijisteis dijeron	dijera dijeras dijera	dijéramos dijerais dijeran	diré dirás dirá	diremos diréis dirán	diría dirías diría	diríamos diríais dirían	g. diciendo p.p. dicho
estuve estuviste estuvo	estuvimos estuvisteis estuvieron	estuviera estuvieras estuviera	estuviéramos estuvierais estuvieran	estaré estarás estará	estaremos estaréis estarán	estaría estarías estaría	estaríamos estaríais estarían	g. estando p.p. estado
hube hubiste hubo	hubimos hubisteis hubieron	hubiera hubieras hubiera	hubiéramos hubierais hubieran	habré habrás habrá	habremos habréis habrán	habría habrías habría	habríamos habríais habrían	g. habiendo p.p. habido
hice hiciste hizo	hicimos hicisteis hicieron	hiciera hicieras hiciera	hiciéramos hicierais hicieran	haré harás hará	haremos haréis harán	haría harías haría	haríamos haríais harían	g. haciendo p.p. hecho
fui fuiste fue	fuimos fuisteis fueron	fuera fueras fuera	fuéramos fuerais fueran	iré irás irá	iremos iréis irán	iría irías iría	iríamos iríais irían	g. yendo p.p. ido
oí oíste oyó	oímos oísteis oyeron	oyera oyeras oyera	oyéramos oyerais oyeran	oiré oirás oirá	oiremos oiréis oirán	oiría oirías oiría	oiríamos oiríais oirían	g. oyendo p.p. oído
pude pudiste pudo	pudimos pudisteis pudieron	pudiera pudieras pudiera	pudiéramos pudierais pudieran	podré podrás podrá	podremos podréis podrán	podría podrías podría	podríamos podríais podrían	g. pudiendo p.p. podido
puse pusiste puso	pusimos pusisteis pusieron	pusiera pusieras pusiera	pusiéramos pusierais pusieran	pondré pondrás pondrá	pondremos pondréis pondrán	pondría pondrías pondría	pondríamos pondríais pondrían	g. poniendo p.p. puesto
quise quisiste quiso	quisimos quisisteis quisieron	quisiera quisieras quisiera	quisiéramos quisierais quisieran	querré querrás querrá	querremos querréis querrán	querría querrías querría	querríamos querríais querrían	g. queriendo p.p. querido
supe supiste supo	supimos supisteis supieron	supiera supieras supiera	supiéramos supierais supieran	sabré sabrás sabrá	sabremos sabréis sabrán	sabría sabrías sabría	sabríamos sabríais sabrían	g. sabiendo p.p. sabido
salí saliste salió	salimos salisteis salieron	saliera salieras saliera	saliéramos salierais salieran	saldré saldrás saldrá	saldremos saldréis saldrán	saldría saldrías saldría	saldríamos saldríais saldrían	g. saliendo p.p. salido
fui fuiste fue	fuimos fuisteis fueron	fuera fueras fuera	fuéramos fuerais fueran	seré serás será	seremos seréis serán	sería serías sería	seríamos seríais serían	g. siendo p.p. sido
tuve tuviste tuvo	tuvimos tuvisteis tuvieron	tuviera tuvieras tuviera	tuviéramos tuvierais tuvieran	tendré tendrás tendrá	tendremos tendréis tendrán	tendría tendrías tendría	tendríamos tendríais tendrían	g. teniendo p.p. tenido
traje trajiste trajo	trajimos trajisteis trajeron	trajera trajeras trajera	trajéramos trajerais trajeran	traeré traerás traerá	traeremos traeréis traerán	traería traerías traería	traeríamos traeríais traerían	g. trayendo p.p. traído
valí valiste valió	valimos valisteis valieron	valiera valieras valiera	valiéramos valierais valieran	valdré valdrás valdrá	valdremos valdréis valdrán	valdría valdrías valdría	valdríamos valdríais valdrían	g. valiendo p.p. valido
vine viniste vino	vinimos vinisteis vinieron	viniera vinieras viniera	viniéramos vinierais vinieran	vendré vendrás vendrá	vendremos vendréis vendrán	vendría vendrías vendría	vendríamos vendríais vendrían	g. viniendo p.p. venido
vi viste vio	vimos visteis vieron	viera vieras viera	viéramos vierais vieran	veré verás verá	veremos veréis verán	vería verías vería	veríamos veríais verían	g. viendo p.p. visto

Lexique

Espagnol / Français

singulier : sing.	verbe : v.	préposition : prép.
pluriel : pl.	verbe irrégulier : v. irrég.	conjonction : conj.
nom masculin : n. m.	adjectif : adj.	adverbe : adv.
nom féminin : n. f.	pronom personnel : pr. pers.	

A

- **abajo**, adv., en bas
- **abeto**, n. m., le sapin
- **abrir**, v. irrég., ouvrir
- **abuelo(a)**, n. m. et f., grand-père, grand-mère
- **aburrido(a)**, adj., ennuyeux, ennuyeuse
- **acabar**, v., terminer
- **aceite**, n. m., huile
- **acercarse**, v., s'approcher
- **acostarse (ue)**, v., se coucher
- **actitud**, n. f., attitude
- **actor**, **actriz**, n. m. et f., acteur, actrice
- **actuar**, v., agir / jouer (au cinéma ou au théâtre)
- **además**, adv., de plus
- **adiestramiento**, n. m., dressage
- **adorno**, n. m., décoration
- **afecto**, n. m., affection
- **agradecer**, v. irrég., remercier
- **agua (el)**, n. f., eau
- **aguacate**, n. m., avocat (le fruit)
- **ahí**, adv., là
- **ahogar**, v., noyer
- **ahora**, adv., maintenant
- **ahorrar**, v., éviter / économiser
- **aire**, n. m., air
- **aire acondicionado**, n. m., air conditionné
- **aislar**, v., isoler
- **alegría**, n. f., joie
- **algo**, pr. indéfini, quelque chose
- **alguien**, pr. indéfini, quelqu'un
- **allí**, adv., là-bas
- **alma (el)**, n. f., âme
- **alojamiento**, n. m., logement
- **alquilar**, v., louer
- **alto(a)**, adj., grand(e), élevé(e)
- **alumno(a)**, n. m. et f., élève
- **amargo(a)**, adj., amer, amère
- **amarillo(a)**, adj., jaune
- **ambos**, **ambas**, adj. et pr. pl., les deux
- **amigo(a)**, n. m. et f., ami(e)
- **amistad**, n. f., l'amitié
- **amo(a) (el)**, n. m. et f., le maître, la maîtresse
- **ancho(a)**, adj., large
- **anchoa**, n. f., anchois
- **andaluz(a)**, adj., andalou(se)
- **anhelo**, n. m., désir
- **ánimo**, n. m., esprit, courage
- **ante**, prép., face à
- **antes (de)**, adv. et prép., avant (de)
- **antiguo(a)**, adj., ancien(ne)
- **anuncio**, n. m., annonce
- **añadir**, v., ajouter
- **año**, n. m., année
- **apagar**, v., éteindre
- **aparecer**, v. irrég., apparaître
- **apellido**, n. m., nom de famille
- **aplaudir**, v., applaudir
- **aplauso**, n. m., applaudissement
- **aprender**, v., apprendre
- **aquel**, **aquella**, adj. et pr., ce, cet, cette, celui-là, celle-là
- **aquí**, adv., ici
- **árbol**, n. m., arbre
- **arena**, n. f., sable
- **arriba**, adv., en haut
- **arrojarse**, v., se lancer, se jeter
- **arroz**, n. m., riz
- **artículo**, n. m., article
- **asco**, n. m., le dégoût / **dar asco**, dégoûter
- **asignatura**, n. f., matière scolaire
- **asomarse**, v., se montrer, se pencher
- **aspecto**, n. m., aspect
- **astuto(a)**, adj., rusé(e)
- **atasco**, n. m., embouteillage
- **aula (el)**, n. f., la salle de cours
- **aunque**, conj., bien que, même si
- **autoridad**, n. f., autorité
- **ave (el)**, n. f., oiseau
- **avellana**, n. f., noisette
- **ayer**, adv., hier
- **ayudar**, v., aider
- **azúcar**, n. m., sucre
- **azul**, adj., bleu(e)

B

- **bachillerato**, n. m., études secondaires
- **bailar**, v., danser
- **bajo(a)**, adj., bas(se), petit(e)
- **ballena**, n. f., baleine
- **bandera**, n. f., drapeau
- **bañar**, v., baigner
- **baraja**, n. f., jeu de cartes
- **barato(a)**, adj., bon marché
- **barco**, n. m., bateau
- **barrer**, v., balayer
- **barrio**, n. m., quartier
- **barro**, n. m., boue, argile
- **bastante**, adv. et adj., assez, assez de
- **basura**, n. f., les ordures
- **bebida**, n. f., boisson
- **belleza**, n. f., beauté
- **beso**, n. m., baiser
- **blanco(a)**, adj., blanc, blanche
- **bobo(a)**, adj., idiot(e)
- **boca**, n. f., bouche
- **bocadillo**, n. m., sandwich
- **boda**, n. f., mariage (cérémonie)
- **bolígrafo**, n. m., stylo à bille
- **bolsa**, n. f., bourse, sac (en plastique, en papier)
- **bolsillo**, n. m., poche
- **bolso**, n. m., sac à main
- **bonito(a)**, adj., joli(e)
- **botella**, n. f., bouteille
- **brazo**, n. m., bras
- **broma**, n. f., plaisanterie / **en broma**, pour rire
- **brujo(a)**, n. m. et f., sorcier, sorcière
- **buceo**, n. m., plongée
- **bueno(a)**, adj., gentil(le)
- **buscar**, v., chercher

C

- **cabeza**, n. f., tête
- **cachondeo**, n. m., moquerie, rigolade
- **cachorro**, n. m., chiot
- **cada**, adj., chaque / **cada uno**, chacun / **cada vez más**, de plus en plus
- **caja**, n. f., boîte, caisse
- **calcetín**, n. m., chaussette
- **calentar (ie)**, v., chauffer
- **callar(se)**, v., (se) taire
- **calle**, n. f., rue
- **calor**, n. m., chaleur
- **cama**, n. f., lit
- **cambiar**, v., changer
- **cambio (en)**, en revanche
- **caminar**, v., marcher
- **campo**, n. m., champ, campagne
- **canal**, n. m., chaîne de télévision
- **canción**, n. f., chanson
- **cansar**, v., fatiguer
- **cantante**, n. m. et f., chanteur, chanteuse
- **cantar**, v., chanter

- **capaz**, adj., capable
- **cara**, n. f., visage
- **cargo**, n. m., pantalons treillis
- **caricia**, n. f., caresse
- **caridad**, n. f., charité
- **cariño**, n. m., tendresse
- **carne**, n. f., viande
- **caro(a)**, adj., cher, chère
- **carrera**, n. f., course / études
- **carretera**, n. f., route
- **carril**, n. m., voie
- **cartel**, n. m., affiche
- **cartero**, n. m., facteur
- **casa**, n. f., maison / **en casa**, à la maison
- **casamiento**, n. m., mariage
- **casar(se)**, v., (se) marier
- **castañuelas**, n. f. pl., castagnettes
- **castigar**, v., punir
- **cazadora**, n. f., blouson
- **celoso(a)**, adj., jaloux, jalouse
- **cementerio**, n. m., cimetière
- **cena**, n. f., le dîner
- **cenar**, v., dîner
- **cerca**, adv. et prép., près, près de
- **cerrar (ie)**, v., fermer
- **cesta**, n. f., panier
- **chatear**, v., faire du « chat »
- **chaval(a)**, n. m. et f., un gars, une fille (fam.)
- **chico(a)**, n. m. et f., garçon, fille
- **chile**, n. m., piment
- **chitón**, chut !
- **chuleta**, n. f., l'anti-sèche
- **ciego(a)**, adj., aveugle
- **cielo**, n. m., ciel
- **ciruela**, n. f., prune
- **ciudad**, n. f., ville
- **clase**, n. f., classe, cours
- **clave**, n. f., clé (explication)
- **coche**, n. m., voiture
- **cocinar**, v., cuisiner
- **coger**, v., prendre
- **colarse (ue)**, v., resquiller
- **colega**, n. m. et f., collègue, « pote »
- **colegio**, n. m., collège, école
- **colgar (ue)**, v., suspendre, accrocher
- **color**, n. m., couleur
- **comedor**, n. m., salle à manger
- **comer**, v., manger
- **cómic**, n. m., bande dessinée
- **comida**, n. f., nourriture, repas
- **compañero(a)**, n. m. et f., compagnon, camarade
- **comparar**, v., comparer
- **competencia**, n. f., concurrence
- **competir**, v. irrég., concourir, rivaliser
- **comportamiento**, n. m., comportement
- **comprar**, v., acheter
- **comprobar (ue)**, v., vérifier
- **con**, prép., avec
- **conducir**, v. irrég., conduire
- **conectar(se)**, v., (se) connecter
- **confiar en**, v., faire confiance à
- **conquista**, n. f., conquête
- **consejo**, n. m., conseil
- **consigo**, pr. pers., avec soi
- **contar (ue)**, v., raconter / compter
- **contento(a)**, adj., content(e)
- **contestar**, v., répondre
- **contigo**, pr. pers., avec toi
- **continuación (a)**, ensuite
- **control**, n. m., contrôle
- **conversar**, v., discuter
- **convertirse (ie)**, v. irrég., devenir
- **corazón**, n. m., cœur
- **cordero**, n. m., agneau
- **correo**, n. m., courrier / **Correos**, La Poste
- **correr**, v., courir
- **corresponder**, v., correspondre
- **corto(a)**, adj., court(e)
- **cosa**, n. f., chose
- **costa**, n. f., côte
- **costar (ue)**, v., coûter
- **creer en**, v. irrég., croire à
- **cuaderno**, n. m., cahier
- **cuadro**, n. m., tableau
- **cuando**, adv., quand
- **cuánto(a)**, pr. et adj., combien (de)
- **cuarto de baño**, n. m., salle de bains
- **cubrir**, v., couvrir
- **cucaracha**, n. f., cafard
- **cuchara**, n. f., cuillère
- **cuento**, n. m., conte, récit
- **cuerpo**, n. m., corps
- **cuidar**, v., soigner, prendre soin de
- **cumpleaños**, n. m. sing., anniversaire
- **curioso(a)**, adj., curieux, curieuse
- **curso**, n. m., le niveau, la classe, l'année scolaire

D

- **danza**, n. f., danse
- **dar**, v. irrég., donner / **dar asco**, dégoûter / **dar las gracias**, remercier / **dar miedo**, faire peur / **darse cuenta de que**, se rendre compte que
- **debajo (de)**, adv. et prép., au-dessous, sous, au-dessous de
- **deber**, v., devoir
- **decir**, v. irrég., dire / **es decir**, c'est-à-dire
- **dedicar**, v., dédier, consacrer / **¿A qué te dedicas?**, Que fais-tu dans la vie ?
- **dejar**, v., laisser
- **delante (de)**, adv. et prép., devant
- **demás (los, las)**, pr. et adj., les autres
- **demasiado(a)**, adj. et adv., trop, trop de
- **demostrar (ue)**, v., démontrer
- **dentro (de)**, adv. et prép., dedans, dans
- **deporte**, n. m., sport
- **deportista**, n. m. et f., sportif, sportive
- **derecho(a)**, adj., droit(e)
- **desarrollar**, v., dérouler, développer
- **desayunar**, v., prendre son petit déjeuner
- **desayuno**, n. m., petit déjeuner
- **descalzo(a)**, adj., déchaussé(e)
- **descubrir**, v., découvrir
- **desde**, prép., depuis
- **deseo**, n. m., désir, souhait
- **desierto**, n. m., désert
- **despacho**, n. m., bureau (la pièce)
- **despertar(se) (ie)**, v., (se) réveiller
- **después (de)**, adv. et prép., après
- **detener(se)**, v. irrég., (s')arrêter
- **detrás (de)**, adv. et prép., derrière
- **día**, n. m., jour
- **diario**, n. m., quotidien (journal)
- **dibujo**, n. m., dessin
- **dieta**, n. f., régime
- **dinero**, n. m., argent
- **director**, n. m., directeur, metteur en scène
- **dirigir**, v., diriger / **dirigirse a**, s'adresser à
- **discutir**, v., se disputer
- **divertido(a)**, adj., amusant(e)
- **doblar**, v., plier / tourner
- **dolor**, n. m., la douleur
- **domingo**, n. m., dimanche
- **donde**, adv., où
- **dónde**, adv. interrogatif, où
- **dormir (ue)**, v., dormir
- **dormitorio**, n. m., chambre à coucher
- **duda**, n. f., doute
- **dulce**, adj., doux, douce / **dulces**, n. m. pl., sucreries
- **durante**, prép., pendant

E

- **echar**, v., jeter / **echar el resto**, donner le maximum
- **edad**, n. f., âge
- **ejemplo**, n. m., exemple
- **ejército**, n. m., l'armée
- **elegir**, v. irrég., choisir
- **emperador**, n. m., empereur
- **empezar (ie)**, v., commencer
- **empleado(a)**, n. m. et f., employé(e)
- **empollar**, v., bosser (fam.)
- **empresa**, n. f., entreprise
- **encantar**, v., enchanter
- **encender (ie)**, v., allumer
- **encontrar (ue)**, v., trouver
- **enfadar(se)**, v., (se) fâcher
- **enfermedad**, n. f., maladie
- **enhorabuena**, n. f., félicitations
- **ensayar**, v., répéter (un rôle)
- **enseñar**, v., montrer / enseigner
- **entender (ie)**, v., comprendre
- **enterar(se) de**, v., apprendre, être informé de
- **entero(a)**, adj., entier, entière
- **entonces**, adv., alors
- **entorno**, n. m., environnement

- **entrada**, n. f., entrée
- **entregar**, v., livrer
- **entrevista**, n. f., entretien, interview
- **equivocarse**, v., se tromper
- **érase una vez**, il était une fois…
- **escalador(a)**, n. m. et f., alpiniste
- **escalera**, n. f., échelle
- **escaparate**, n. m., vitrine
- **escarabajo**, n. m., scarabée
- **escoba**, n. f., balai
- **esconder**, v., cacher
- **escribir**, v., écrire
- **escuchar**, v., écouter
- **escuela**, n. f., école
- **escupir**, v., cracher
- **ese, esa**, adj. et pr., ce, cet, cette, celui-là, celle-là
- **espárrago**, n. m., asperge
- **espectáculo**, n. m., spectacle
- **espejo**, n. m., miroir
- **esperar**, v., attendre
- **esquiar**, v., skier
- **estación**, n. f., gare / saison
- **este, esta**, adj. et pr., ce, cet, cette, celui-ci, celle-ci
- **estómago**, n. m., estomac
- **examen de recuperación**, n. m., le contrôle de rattrapage
- **examinador(a)**, n. m. et f., examinateur, examinatrice
- **extraño(a)**, adj., étrange

F

- **falda**, n. f., jupe
- **faltar**, v., manquer
- **fama**, n. f., célébrité
- **fecha**, n. f., date
- **felicidad**, n. f., bonheur
- **feliz**, adj., heureux, heureuse
- **fichar por**, v., signer à
- **fiebre**, n. f., fièvre
- **figura**, n. f., silhouette
- **filete**, n. m., steack
- **fin de semana**, n. m., week-end
- **francés, francesa**, adj., français(e)
- **fresco(a)**, adj., frais, fraîche
- **frío(a)**, n. m. et adj., froid(e)
- **fruta**, n. f., fruit
- **fuera (de)**, adv. et prép., dehors, hors de
- **fuerza**, n. f., force
- **función**, n. f., représentation, séance

G

- **galleta**, n. f., biscuit
- **gallo**, n. m., coq
- **ganga**, n. f., bonne affaire
- **gastar**, v., dépenser / **gastar una broma**, faire une farce
- **gato**, n. m., chat
- **gente**, n. f., les gens
- **gentío**, n. m., foule
- **gigante**, n. m., géant
- **girar**, v., tourner
- **globo**, n. m., ballon / bulle (BD)
- **golosina**, n. f., friandise
- **gordo(a)**, adj., gros(se) / **el gordo**, n. m., le gros lot
- **gorra**, n. f., casquette
- **grabación**, n. f., enregistrement
- **gracioso(a)**, adj., amusant(e)
- **grandeza**, n. f., grandeur
- **grasiento(a)**, adj., graisseux, graisseuse
- **gritar**, v., crier
- **guapo(a)**, adj., beau, belle
- **guerrero**, n. m., guerrier
- **gustar**, v., aimer, plaire

H

- **haber**, v. auxiliaire, avoir
- **habitación**, n. f., chambre, pièce de la maison
- **hablar**, v., parler
- **hacer**, v. irrég., faire
- **hacia**, prép., vers
- **hambre**, n. f., faim
- **hasta**, prép., jusqu'à
- **hatillo**, n. m., balluchon
- **hembra**, n. f., femelle
- **hermano(a)**, n. m. et f., frère, sœur
- **hijo(a)**, n. m. et f., fils, fille
- **hoja**, n. f., feuille
- **hombre**, n. m., homme
- **hombrera**, n. f., épaulette
- **homenaje**, n. m., hommage
- **honrado(a)**, adj., honnête
- **hora**, n. f., heure
- **hoy**, adv., aujourd'hui
- **huella**, n. f., empreinte
- **huevo**, n. m., œuf
- **húmedo(a)**, adj., humide

I

- **idioma**, n. m., langue, langage
- **igual**, adj., égal, pareil
- **imagen**, n. f., image
- **increíble**, adj., incroyable
- **infierno**, n. m., enfer
- **inglés, inglesa**, adj., anglais(e)
- **inquieto(a)**, adj., inquiet, inquiète, agité(e)
- **intentar**, v., essayer
- **inventar**, v., inventer
- **invierno**, n. m., hiver
- **ir**, v. irrég., aller
- **isla**, n. f., île
- **izquierdo(a)**, adj., gauche

J

- **jamón**, n. m., jambon
- **jaula**, n. f., cage
- **jefe**, n. m., chef
- **jornada**, n. f., journée, épisode / **jornada laboral**, journée de travail
- **joven**, n. et adj., jeune
- **jugar (ue)**, v., jouer
- **juguete**, n. m., jouet
- **julio**, n. m., juillet
- **junio**, n. m., juin
- **junto(a)**, adj., ensemble
- **junto a**, prép., à côté de
- **juventud**, n. f., jeunesse

L

- **labio**, n. m., lèvre
- **lado**, n. m., côté / **al lado de**, à côté de
- **ladrón, ladrona**, n. m. et f., voleur, voleuse
- **lápiz**, n. m., crayon
- **largo(a)**, adj., long, longue
- **lata**, n. f., boîte, canette
- **leche**, n. f., lait
- **lechuga**, n. f., laitue
- **leer**, v. irrég., lire
- **legumbre**, n. f., légume sec
- **lejos**, adv., loin
- **lentilla**, n. f., lentille de contact
- **levantar**, v., lever
- **leyenda**, n. f., légende
- **libertad**, n. f., liberté
- **libro**, n. m., livre
- **ligar**, v., « draguer » (familier)
- **limón**, n. m., citron
- **limosna**, n. f., aumône
- **listo(a)**, adj., intelligent(e), avec **ser** / prêt(e), avec **estar**
- **llamada**, n. f., appel
- **llamar**, v., appeler
- **llegar**, v., arriver
- **llenar**, v., remplir
- **llevar**, v., porter
- **llorar**, v., pleurer
- **llover (ue)**, v., pleuvoir
- **lluvia**, n. f., pluie
- **lobo**, n. m., loup
- **luego**, adv., ensuite
- **lugar**, n. m., lieu
- **luna**, n. f., lune
- **luz**, n. f., lumière

M

- **macho**, n. m., mâle
- **madera**, n. f., bois
- **madre**, n. f., mère
- **madrugar**, v., se lever de bonne heure
- **malo(a)**, adj., méchant(e), mauvais(e)
- **mandar**, v., commander
- **manga**, n. f., manche
- **mano**, n. f., main
- **mantequilla**, n. f., beurre
- **manzana**, n. f., pomme
- **mañana**, adv., demain / n. f., matin
- **mapa**, n. m., carte (géographique)
- **mar**, n. m., mer
- **maravilla**, n. f., merveille
- **marcar (un número)**, v., faire un numéro de téléphone
- **marido**, n. m., mari
- **marroquí**, adj., marocain(e)
- **marzo**, n. m., mars
- **más**, adv., plus
- **mascota**, n. f., mascotte, animal de compagnie
- **mayor**, adj., plus grand(e) / majeur(e) / aîné(e)
- **medio**, n. m., milieu

- **medio(a)**, adj., moyen, moyenne / demi(e)
- **mediodía**, n. m., midi
- **mejor**, adj., meilleur(e)
- **menor**, adj., plus petit(e) / mineur(e) / cadet, cadette
- **menos**, adv., moins / **menos mal que** (heureusement que...)
- **mentira**, n. f., mensonge
- **menudo(a)**, adj., petit(e) / **¡menuda historia!** quelle histoire !
- **mercado**, n. m., marché
- **merendar (ie)**, v., goûter
- **merienda**, n. f., le goûter
- **mes**, n. m., mois
- **mesa**, n. f., table
- **meta**, n. f., but, objectif
- **mezclar**, v., mélanger
- **miedo**, n. m., la peur / **dar miedo**, faire peur
- **mientras**, adv. et conj., pendant ce temps, pendant que
- **mirar**, v., regarder
- **mojar(se)**, v., (se) mouiller
- **moneda**, n. f., monnaie
- **moraleja**, n. f., morale (d'une fable)
- **morder (ue)**, v., mordre
- **moreno(a)**, adj., brun(e)
- **mostaza**, n. f., moutarde
- **mote**, n. m., surnom
- **mover (ue)**, v., bouger
- **movimiento**, n. m., mouvement
- **muchacho(a)**, n. m. et f., jeune garçon, fille
- **mucho(a)**, adv. et adj., beaucoup, beaucoup de
- **muela**, n. f., dent (la molaire)
- **muerte**, n. f., la mort
- **mujer**, n. f., femme
- **museo**, n. m., musée
- **muy**, adv., très

N

- **nada**, pr. indéfini, rien
- **nadie**, pr. indéfini, personne
- **naranja**, n. f., orange
- **nariz**, n. f., nez
- **naturaleza**, n. f., nature
- **Navidad**, n. f., Noël
- **necesitar**, v., avoir besoin de
- **negro(a)**, adj., noir(e)
- **nervioso(a)**, adj., nerveux, nerveuse
- **nevar (ie)**, v., neiger
- **nevera**, n. f., réfrigérateur
- **nieto(a)**, n. m. et f., petit-fils, petite-fille
- **nieve**, n. f., neige
- **niño(a)**, n. m. et f., enfant
- **noche**, n. f., nuit
- **Nochebuena**, la nuit de Noël
- **Nochevieja**, le 31 décembre
- **nombre**, n. m., prénom
- **noticia**, n. f., nouvelle
- **novela**, n. f., roman
- **novio(a)**, n. m. et f., fiancé(e)
- **nuevo(a)**, adj., neuf, neuve
- **nuez**, n. f., noix
- **numeroso(a)**, adj., nombreux, nombreuse
- **nunca**, adv., jamais

O

- **obedecer**, v. irrég., obéir
- **obra**, n. f., œuvre
- **oferta**, n. f., offre
- **oficina**, n. f., bureau (travail)
- **oficio**, n. m., métier
- **ofrecer**, v. irrég., offrir
- **oído**, n. m., ouïe
- **oír**, v. irrég., entendre
- **ojo**, n. m., œil
- **optar (por)**, v., choisir
- **orden**, n. m., ordre (contraire de désordre) / n. f., ordre (que l'on reçoit)
- **ordenador**, n. m., ordinateur
- **oreja**, n. f., oreille
- **origen**, n. m., origine
- **oscuro(a)**, adj., sombre
- **otoño**, n. m., automne
- **otro(a)**, adj. indéfini, autre

P

- **padre**, n. m., père / **los padres**, n. m. pl., les parents
- **país**, n. m., pays
- **pájaro**, n. m., oiseau
- **palabra**, n. f., mot
- **paleta**, n. f., palette
- **palmas**, n. f. pl., applaudissements, battement des mains (rythme)
- **pan**, n. m., pain
- **pandilla**, n. f., le groupe d'amis
- **papagayo**, n. m., perroquet
- **papel**, n. m., papier / rôle
- **para**, prép., pour, vers
- **parada**, n. f., arrêt
- **paraguas**, n. m., parapluie
- **parecer**, v. irrég., paraître / **parecerse a**, v. irrég., ressembler à
- **pareja**, n. f., couple
- **partir**, v., couper, partager
- **pasear**, v., promener
- **paso**, n. m., pas
- **pastel**, n. m., gâteau
- **patio**, n. m., cour
- **pedir**, v. irrég., demander
- **pegar**, v., coller
- **película**, n. f., film
- **peligro**, n. m., danger
- **pelirrojo(a)**, adj., roux, rousse
- **pelo**, n. m., cheveu
- **pensar (ie)**, v., penser
- **peor**, adj., pire
- **pequeño(a)**, adj., petit(e)
- **pera**, n. f., poire
- **perejil**, n. m., persil
- **periódico**, n. m., journal
- **pero**, conj., mais
- **perro(a)**, n. m. et f., chien(ne)
- **pesca**, n. f., pêche
- **pescado**, n. m., poisson
- **pie**, n. m., pied
- **piedra**, n. f., pierre
- **piel**, n. f., peau
- **pimienta**, n. f., poivre
- **pintor(a)**, n. m. et f., peintre
- **pito**, n. m., sifflement
- **pizarra**, n. f., tableau
- **planchar**, v., repasser
- **plátano**, n. m., banane
- **plato**, n. m., plat, assiette / **primer plato**, entrée
- **playa**, n. f., plage
- **poco(a)**, adv. et adj., peu, peu de
- **poder (ue)**, v., pouvoir
- **pollo**, n. m., poulet
- **poner**, v. irrég., mettre
- **porque**, conj., parce que / **¿por qué?**, pourquoi ?
- **portada**, n. f., couverture (de livre) / **en portada**, à la une (presse)
- **porvenir**, n. m., avenir
- **postre**, n. m., dessert
- **precio**, n. m., prix
- **precioso(a)**, adj., ravissant(e)
- **preferir (ie)**, v. irrég., préférer
- **preguntar**, v., poser une question
- **prensa**, n. f., presse
- **primavera**, n. f., printemps
- **primero(a)**, adj., premier, première
- **primo(a)**, n. m. et f., cousin(e)
- **princesa**, n. f., princesse
- **príncipe**, n. m., prince
- **probar (ue)**, v., goûter, essayer
- **problema**, n. m., problème
- **producto**, n. m., produit
- **progreso**, n. m., le progrès
- **prometer**, v., promettre
- **protagonista**, n. m. et f., héros, héroïne (roman, cinéma)
- **próximo(a)**, adj., prochain(e)
- **prueba**, n. f., preuve, épreuve
- **pueblo**, n. m., village, peuple
- **puerta**, n. f., porte
- **pues**, conj., donc / eh bien
- **puesto**, n. m., étal
- **pulcro(a)**, adj., très propre

Q

- **quedar**, v., rester / avoir rendez-vous
- **querer (ie)**, v. irrég., vouloir / aimer
- **queso**, n. m., fromage
- **quien**, pr. relatif, qui
- **quizás**, adv., peut-être

R

- **Rastro (el)**, n. m., Marché aux Puces de Madrid (le)
- **ratón**, n. m., souris
- **reaccionar**, v., réagir
- **rebelde**, n. m. et f. et adj., rebelle
- **recibir**, v., recevoir
- **recordar (ue)**, v., rappeler, se rappeler
- **recto(a)**, adj., droit(e)
- **redactar**, v., rédiger
- **refresco**, n. m., rafraîchissement
- **regalo**, n. m., cadeau

- **regatear**, v., marchander
- **regresar**, v., revenir
- **relato**, n. m., récit
- **reloj**, n. m., montre, horloge
- **renegar (ie)**, v., renier
- **repartir**, v., distribuer
- **rescatar**, v., sauver
- **respetar**, v., respecter
- **respuesta**, n. f., réponse
- **resultar**, v., résulter, s'avérer
- **retablo**, n. m., retable, théâtre
- **retoño**, n. m., rejeton
- **retrato**, n. m., portrait
- **rey**, n. m., roi / **los Reyes Magos**, les Rois Mages
- **río**, n. m., fleuve
- **riqueza**, n. f., richesse
- **rodaja**, n. f., tranche, rondelle
- **rodar (ue)**, v., rouler / tourner (un film)
- **rojo(a)**, adj., rouge
- **romper**, v. irrég., casser
- **ropa**, n. f., habits
- **rubio(a)**, adj., blond(e)
- **ruido**, n. m., bruit
- **ruso(a)**, adj., russe
- **ruta**, n. f., itinéraire

S

- **saber**, v. irrég., savoir
- **sabroso(a)**, adj., délicieux, délicieuse
- **sacar**, v., sortir
- **sal**, n. f., sel
- **salchicha**, n. f., saucisse
- **salir**, v. irrég., sortir
- **salsa**, n. f., sauce
- **salud**, n. f., santé
- **salvaje**, n. et adj., sauvage
- **sangre**, n. f., sang
- **satisfecho(a)**, adj., satisfait(e)
- **seguir**, v. irrég., suivre / continuer
- **según**, prép., selon
- **segundo(a)**, adj., second(e) / **segundo plato el**, le plat de résistance
- **selva**, n. f., jungle
- **semana**, n. f., semaine
- **sensato(a)**, adj., sensé(e)
- **sentarse (ie)**, v., s'asseoir
- **señalar**, v., signaler
- **señor(a)**, n. m. et f., monsieur, madame
- **ser**, v. irrég., être
- **servir**, v. irrég., servir
- **siempre**, adv., toujours
- **siglo**, n. m., siècle
- **siguiente**, adj., suivant(e)
- **silbar**, v., siffler
- **silbido**, n. m., sifflement
- **silla**, n. f., chaise
- **sillón**, n. m., fauteuil
- **sin**, prép., sans / **sin embargo**, cependant
- **sobresaliente**, adj., excellent(e)
- **socorro**, n. m., secours
- **sol**, n. m., soleil
- **soledad**, n. f., solitude
- **soler (ue)**, v., avoir l'habitude de
- **solidaridad**, n. f., solidarité
- **sólo**, adv., seulement
- **soltar (ue)**, v., lâcher
- **sombra**, n. f., ombre
- **sombrero**, n. m., chapeau
- **soñar (ue) con**, v., rêver de
- **sopa**, n. f., soupe
- **soplar**, v., souffler
- **sorprendente**, adj., surprenant(e)
- **sorteo**, n. m., tirage (au sort)
- **subir**, v., monter
- **suceder**, v., arriver (un événement)
- **sucio(a)**, adj., sale
- **suelo**, n. m., sol
- **sueño**, n. m., rêve
- **suerte**, n. f., chance
- **supermercado**, n. m., supermarché
- **suponer**, v. irrég., supposer
- **suspenso(a)**, adj., recalé(e)
- **suspirar**, v., soupirer

T

- **taller**, n. m., atelier
- **tamaño**, n. m., taille
- **también**, adv., aussi
- **tampoco**, adv., non plus
- **tarde**, adv., tard
- **tarde**, n. f., après-midi
- **tarea**, n. f., travail
- **tataranieto(a)**, n. m. et f., arrière-arrière petit-fils (petite-fille)
- **techo**, n. m., toit
- **teclado**, n. m., clavier
- **tejido**, n. m., tissu
- **telediario**, n. m., journal télévisé
- **temblar (ie)**, v., trembler
- **temprano**, adv., de bonne heure
- **tener**, v. irrég., avoir / **tener prisa**, être pressé / **tener que**, devoir
- **tiempo**, n. m., temps
- **tienda**, n. f., magasin
- **tierra**, n. f., terre
- **tío(a)**, n. m. et f., oncle, tante
- **tirar**, v., jeter
- **títere**, n. m., marionnette
- **título**, n. m., titre
- **tocar**, v., toucher / jouer (d'un instrument)
- **todavía**, adv., encore
- **todo(a)**, adj., tout(e)
- **tomar**, v., prendre
- **tontería**, n. f., bêtise
- **tonto(a)**, adj., bête
- **tortuga**, n. f., tortue
- **trabajar**, v., travailler
- **traer**, v. irrég., apporter
- **trampa (hacer)**, tricher
- **travesura**, n. f., bêtise
- **trayecto**, n. m., trajet
- **tren**, n. m., train
- **trenza**, n. f., tresse
- **trigo**, n. m., blé
- **tristeza**, n. f., tristesse
- **triunfo**, n. m., triomphe
- **trozo**, n. m., morceau

U

- **último(a)**, adj., dernier, dernière
- **usar**, v., utiliser
- **útil**, adj., utile
- **uva**, n. f., raisin

V

- **vaca**, n. f., vache
- **vacaciones**, n. f. pl., vacances
- **valiente**, adj., courageux, courageuse
- **valor**, n. m., valeur / courage
- **valorar**, v., estimer
- **vaqueros**, n. m. pl., jeans
- **varios(as)**, adj., plusieurs
- **vecino(a)**, n. m. et f. et adj., voisin(e)
- **vejez**, n. f., vieillesse
- **velocidad**, n. f., vitesse
- **vender**, v., vendre
- **ventaja**, n. f., avantage
- **ventana**, n. f., fenêtre
- **ver**, v. irrég., voir
- **verano**, n. m., été
- **verdad**, n. f., vérité
- **verde**, adj., vert(e)
- **verdura**, n. f., légume
- **vergüenza**, n. f., honte
- **vestido**, n. m., vêtement, robe
- **vestir**, v. irrég., habiller
- **vez**, n. f., fois / **de vez en cuando**, de temps en temps
- **viajar**, v., voyager
- **viaje**, n. m., voyage
- **vida**, n. f., vie
- **vidrio**, n. m., verre
- **viento**, n. m., vent
- **viñeta**, n. f., vignette
- **vista**, n. f., vue
- **vivienda**, n. f., logement
- **vivir**, v., vivre, habiter
- **volver (ue)**, v., revenir
- **volver a** + infinitif, recommencer à
- **voz**, n. f., voix

Y

- **ya**, adv., déjà

Z

- **zapateado**, n. m., battement des pieds
- **zapatilla**, n. f., chaussure de sport / pantoufle
- **zapato**, n. m., chaussure

Lexique

Français / Espagnol

A

- **acheter**, comprar, v.
- **acteur**, **actrice**, actor, actriz, n. m. et f.
- **adresser**, dirigir, v.
- **affection**, cariño, n. m.
- **affiche**, cartel, n. m.
- **âge**, edad, n. f.
- **agité(e),** inquieto(a), adj.
- **agneau**, cordero, n. m.
- **aider**, ayudar, v.
- **aimer**, querer (ie), v. irrég.
- **air**, aire, n. m.
- **air conditionné**, aire acondicionado, n. m.
- **ajouter**, añadir, v.
- **aller**, ir, v. irrég.
- **allumer**, encender (ie), v.
- **alors**, entonces, adv.
- **alpiniste**, escalador(a), n. m. et f.
- **âme**, alma (el), n. f.
- **amer**, **amère**, amargo(a), adj.
- **ami(e)**, amigo(a), n. m. et f.
- **amitié**, amistad, n. f.
- **amusant(e)**, divertido(a), adj.
- **anchois**, anchoa, n. f.
- **ancien(ne)**, antiguo(a), adj.
- **andalou(se)**, andaluz(a), adj.
- **anglais(e)**, inglés, inglesa, adj.
- **animal**, animal, n. m. / **animal familier**, mascota, n. f.
- **année**, año, n. m.
- **anniversaire**, cumpleaños, n. m.
- **annonce**, anuncio, n. m.
- **anti-sèche**, chuleta, n. f.
- **apparaître**, aparecer, v. irrég.
- **appel**, llamada, n. f.
- **appeler**, llamar, v.
- **applaudir**, aplaudir, v.
- **applaudissement**, aplauso, n. m.
- **apporter**, traer, v. irrég.
- **apprendre quelque chose**, aprender, v. / **apprendre à quelqu'un**, enseñar, v. / **apprendre une nouvelle**, enterarse de, v.
- **approcher (s')**, acercar(se), v.
- **après**, después (de), adv. et prép.
- **après-midi**, tarde, n. f.
- **arbre**, árbol, n. m.
- **argent**, dinero, n. m.
- **armée**, ejército, n. m.
- **arrêt**, parada, n. f.
- **arrêter**, detener, v. irrég.
- **arrière-arrière petit-fils (petite-fille)**, tataranieto(a), n. m. et f.
- **arriver**, llegar, v.
- **arriver**, suceder, v. (un événement)
- **article**, artículo, n. m.
- **aspect**, aspecto, n. m.
- **asperge**, espárrago, n. m.
- **asseoir (s')**, sentarse (ie), v.
- **assez (de)**, bastante, adv. et adj.
- **assiette**, plato, n. m.
- **atelier**, taller, n. m.
- **attendre**, esperar, v.
- **attitude**, actitud, n. f.
- **aujourd'hui**, hoy, adv.
- **aumône**, limosna, n. f.
- **aussi**, también, adv.
- **automne**, otoño, n. m.
- **autorité**, autoridad, n. f.
- **autre**, otro(a), adj.
- **avant**, antes (de), adv. et prép.
- **avantage**, ventaja, n. f.
- **avec**, con, prép. / **avec moi, toi, soi**, conmigo, contigo, consigo
- **avenir**, porvenir, n. m.
- **aveugle**, ciego(a), adj.
- **avocat**, aguacate, n. m. (le fruit)
- **avoir**, haber, auxiliaire / tener, v. irrég. / **avoir besoin de**, necesitar, v. / **avoir l'habitude de**, soler (ue), v. / **avoir mal**, doler (ue), v.

B

- **baigner**, bañar, v.
- **baiser**, beso, n. m.
- **balai**, escoba, n. f.
- **balayer**, barrer, v.
- **baleine**, ballena, n. f.
- **ballon**, globo, n. m.
- **balluchon**, hatillo, n. m.
- **banane**, plátano, n. m.
- **bande dessinée**, cómic, n. m.
- **bateau**, barco, n. m.
- **battement des mains**, palmas, n. f. pl.
- **battement de pieds**, zapateado, n. m.
- **beau**, **belle**, guapo(a), hermoso(a), adj.
- **beaucoup (de)**, mucho, adv. et adj.
- **beauté**, belleza, n. f.
- **bête**, tonto(a), adj.
- **bêtise**, tontería / travesura, n. f.
- **beurre**, mantequilla, n. f.
- **bien que**, aunque, conj.
- **biscuit**, galleta, n. f.
- **blanc, blanche**, blanco(a), adj.
- **blé**, trigo, n. m.
- **bleu(e)**, azul, adj.
- **blond(e)**, rubio(a), adj.
- **blouson**, cazadora, n. f.
- **bois**, madera, n. f.
- **boisson**, bebida, n. f.
- **boîte de conserve**, lata, n. f.
- **bon(ne)**, bueno(a), adj.
- **bon marché**, barato(a), adj.
- **bonheur**, felicidad, n. f.
- **bonjour**, buenos días
- **bonne affaire**, ganga, n. f.
- **bonne nuit**, buenas noches
- **bonsoir**, buenas tardes
- **bosser** (fam.), empollar, v.
- **bouche**, boca, n. f.
- **boue**, barro, n. m.
- **bouger**, moverse (ue), v.
- **bouteille**, botella, n. f.
- **bras**, brazo, n. m.
- **bruit**, ruido, n. m.
- **brun(e)**, moreno(a), adj.
- **bureau**, despacho, n. m. (pièce) / oficina, n. f. (lieu de travail) / escritorio, n. m. (meuble)
- **but**, meta, n. f.

C

- **cacher**, esconder, v.
- **cadeau**, regalo, n. m.
- **cage**, jaula, n. f.
- **cahier**, cuaderno, n. m.
- **caisse**, caja, n. f.
- **camarade**, compañero(a), n. m. et f.
- **campagne**, campo, n. m.
- **capable**, capaz, adj.
- **caresse**, caricia, n. f.
- **carte**, carta, n. f. (à jouer) / mapa, n. m. (géographique)
- **casquette**, gorra, n. f.
- **casser**, romper, v. irrég.
- **castagnettes**, castañuelas, n. f.
- **célébrité**, fama, n. f.
- **cependant**, sin embargo
- **chacun(e)**, cada uno(a), adj.
- **chaîne de télévision**, canal, n. m.
- **chaise**, silla, n. f.
- **chaleur**, calor, n. m.
- **chambre**, habitación, n. f. / **chambre à coucher**, dormitorio, n. m.
- **chance**, suerte, n. f.
- **changer**, cambiar, v.
- **chanson**, canción, n. f.
- **chanter**, cantar, v.
- **chanteur**, **chanteuse**, cantante, n. m. et f.
- **chapeau**, sombrero, n. m.
- **charité**, caridad, n. f.
- **chat(te)**, gato(a), n. m. et f.
- **« chat » (faire du),** chatear, v.
- **chauffer**, calentar (ie), v.

- **chaussette**, calcetín, n. m.
- **chaussure**, zapato, n. m. / **chaussure de sport**, zapatilla, n. f.
- **chef**, jefe, n. m.
- **cher, chère**, querido(a), adj. (affection) / caro(a), adj. (prix)
- **chercher**, buscar, v.
- **cheveu**, pelo, n. m.
- **chien(ne)**, perro(a), n. m. et f.
- **chiot**, cachorro, n. m.
- **choisir**, elegir, v. irrég.
- **chose**, cosa, n. f.
- **chut !**, ¡chitón!
- **ciel**, cielo, n. m.
- **cimetière**, cementerio, n. m.
- **citron**, limón, n. m.
- **classe**, clase, n. f. (cours)
- **clavier**, teclado, n. m.
- **clé**, llave, n. f. (porte) / clave, n. f. (explication)
- **cœur**, corazón, n. m.
- **collège**, colegio, n. m.
- **coller**, pegar, v.
- **commander**, ordenar, v.
- **commencer**, empezar (ie), v.
- **comparer**, comparar, v.
- **comportement**, comportamiento, n. m.
- **comprendre**, entender (ie), v.
- **compter**, contar (ue), v.
- **concourir**, competir, v. irrég.
- **concurrence**, competencia, n. f.
- **conduire**, conducir, v. irrég.
- **connecter (se)**, conectarse, v.
- **conquête**, conquista, n. f.
- **conseil**, consejo, n. m.
- **conte**, cuento, n. m.
- **content(e)**, contento(a), adj.
- **contrôle**, control, n. m., examen, n. m.
- **coq**, gallo, n. m.
- **corps**, cuerpo, n. m.
- **correspondre**, corresponder, v.
- **(se) coucher**, acostarse (ue), v.
- **couleur**, color, n. m.
- **couper**, cortar, partir, v.
- **couple**, pareja, n. f.
- **cour**, patio, n. m.
- **courage**, valor, n. m.
- **courageux**, **courageuse**, valiente, adj.
- **courir**, correr, v.
- **courrier**, correo, n. m.
- **course**, carrera, n. f.
- **court(e)**, corto(a), adj.
- **cousin(e)**, primo(a), n. m. et f.
- **coûter**, costar (ue), v.
- **couvert(e)**, cubierto(a), p. passé de cubrir
- **couverture**, portada, n. f. (d'un livre)
- **couvrir**, cubrir, v. irrég.
- **cracher**, escupir, v.
- **crayon**, lápiz, n. m.
- **crier**, gritar, v.
- **croire à**, creer en, v. irrég.
- **cuillère**, cuchara, n. f.
- **cuisiner**, cocinar, v.
- **curieux**, **curieuse**, curioso(a), adj.

D

- **danger**, peligro, n. m.
- **dans**, dentro de, prép.
- **danse**, baile, n. m., danza, n. f.
- **danser**, bailar, v.
- **date**, fecha, n. f.
- **de bonne heure**, temprano, adv.
- **de plus**, además, adv.
- **décoration**, adorno, n. m.
- **découvrir**, descubrir, v. irrég.
- **dégoût**, asco, n. m.
- **dégoûter**, dar asco, v.
- **déjà**, ya, adv.
- **délicieux**, **délicieuse**, sabroso(a), adj.
- **demain**, mañana, adv.
- **demander**, pedir, v. irrég. (demander quelque chose) / preguntar, v. (poser une question)
- **demi(e)**, medio(a), adj.
- **démontrer**, demostrar (ue), v.
- **dent**, diente, n. m., muela, n. f. (la molaire)
- **dépenser**, gastar, v.
- **depuis**, desde, prép.
- **dernier**, **dernière**, último(a), adj.
- **(se) dérouler**, desarrollarse, v.
- **derrière**, detrás (de), adv. et prép.
- **désert**, desierto, n. m.
- **désir**, deseo, n. m.
- **dessert**, postre, n. m.
- **dessin**, dibujo, n. m.
- **devant**, delante (de), adv. et prép.
- **devoir**, deber, v., tener que
- **dimanche**, domingo, n. m.
- **dîner**, cenar, v.
- **dîner (le)**, cena, n. f.
- **dire**, decir, v. irrég.
- **directeur**, **directrice**, director(a), n. m. et f.
- **diriger**, dirigir, v.
- **discuter**, conversar, v.
- **(se) disputer**, discutir, v.
- **distribuer**, repartir, v.
- **donner**, dar, v. irrég. / **donner le maximum**, echar el resto
- **dormir**, dormir (ue), v.
- **douleur**, dolor, n. m.
- **doute**, duda, n. f.
- **doux**, **douce**, dulce, adj.
- **draguer**, ligar, v. (familier)
- **drapeau**, bandera, n. f.
- **dressage**, adiestramiento, n. m.
- **droit**, derecho, n. m.
- **droit(e)**, derecho(a), adj.

E

- **eau**, agua (el), n. f.
- **échelle**, escalera, n. f.
- **école**, escuela, n. f.
- **écouter**, escuchar, v.
- **écrire**, escribir, v.
- **égal(e)**, igual, adj.
- **élève**, alumno(a), n. m. et f.
- **embouteillage**, atasco, n. m.
- **empereur**, emperador, n. m.
- **employé(e)**, empleado(a), n. m. et f.
- **empreinte**, huella, n. f.
- **en bas**, abajo, adv.
- **en haut**, arriba, adv.
- **en revanche**, en cambio
- **enchanter**, encantar, v.
- **encore**, todavía, adv. / de nuevo
- **enfant**, niño(a), n. m. et f.
- **enfer**, infierno, n. m.
- **ennuyeux**, **ennuyeuse**, aburrido(a), adj.
- **enregistrement**, grabación, n. f.
- **enseigner**, enseñar, v.
- **ensemble**, junto(s), junta(s), adj.
- **ensuite**, luego, adv.
- **entendre**, oír, v. irrég.
- **entier**, **entière**, entero(a), adj.
- **entrée**, entrada, n. f.
- **entreprise**, empresa, n. f.
- **entretien**, entrevista, n. f.
- **environnement**, entorno, n. m.
- **épaulette**, hombrera, n. f.
- **esprit**, ánimo, n. m.
- **essayer**, probar (ue), v.
- **estimer**, valorar, v.
- **estomac**, estómago, n. m.
- **étal**, puesto, n. m.
- **été**, verano, n. m.
- **éteindre**, apagar, v.
- **étrange**, curioso(a), extraño(a), raro(a), adj.
- **être**, ser, v. irrég. / estar, v. irrég.
- **études secondaires**, bachillerato, n. m.
- **éviter**, ahorrar, v.
- **examinateur**, **examinatrice**, examinador(a), n. m. et f.
- **excellent(e)**, sobresaliente, adj.
- **exemple**, ejemplo, n. m.

F

- **face à**, frente a, prép.
- **fâcher**, enfadar, v.
- **facteur**, cartero, n. m.
- **faim**, hambre, n. f.
- **faire**, hacer, v. irrég. / **faire un numéro de téléphone**, marcar un número, v. / **faire une farce**, gastar una broma, v.
- **fatiguer**, cansar, v.
- **fauteuil**, sillón, n. m.
- **félicitations**, enhorabuena, n. f.
- **femelle**, hembra, n. f.
- **fenêtre**, ventana, n. f.
- **fermer**, cerrar (ie), v.
- **feuille**, hoja, n. f.
- **fiancé(e)**, novio(a), n. m. et f.
- **fièvre**, fiebre, n. f.
- **film**, película, n. f.
- **fils, fille**, hijo(a), n. m. et f.
- **fleuve**, río, n. m.
- **fois**, vez, n. f.
- **force**, fuerza, n. f.
- **foule**, gentío, n. m.
- **frais**, **fraîche**, fresco(a), adj.

- **français(e)**, francés, francesa, adj.
- **frère**, hermano, n. m.
- **friandise**, golosina, n. f.
- **froid(e)**, frío(a), n. m. et adj.
- **fromage**, queso, n. m.
- **fruit**, fruta, n. f.

G

- **gare**, estación, n. f.
- **gâteau**, pastel, n. m.
- **gauche**, izquierdo(a), n. et adj.
- **géant**, gigante, n. m.
- **gens**, gente, n. f.
- **gentil**, **gentille**, bueno(a), adj.
- **goûter**, probar (ue), v. / merendar (ie), v. (le repas)
- **goûter (le)**, merienda, n. f.
- **graisseux**, **graisseuse**, grasiento(a), adj.
- **grand(e)**, gran, grande, adj. / alto(a), adj. (taille) / **plus grand**, mayor
- **grandeur**, grandeza, n. f.
- **grand-père**, **grand-mère**, abuelo(a), n. m. et f.
- **gros(se)**, gordo(a), adj.
- **gros lot**, gordo, n. m.
- **groupe d'amis**, pandilla, n. f.
- **guerrier**, guerrero, n. m.

H

- **habiller**, vestir, v. irrég.
- **habits**, ropa, n. f.
- **héros**, **héroïne**, protagonista, n. m. et f. (roman, cinéma)
- **heure**, hora, n. f. / **Quelle heure est-il ?**, ¿Qué hora es?
- **heureusement que**, menos mal que
- **heureux**, **heureuse**, feliz, adj.
- **hier**, ayer, adv.
- **hiver**, invierno, n. m.
- **hommage**, homenaje, n. m.
- **homme**, hombre, n. m.
- **honnête**, honrado(a), adj.
- **honte**, vergüenza, n. f.
- **hors de**, fuera, prép.
- **huile**, aceite, n. m.
- **humide**, húmedo(a), adj.

I

- **ici**, aquí, adv.
- **idiot(e)**, tonto(a), adj.
- **il était une fois**, érase una vez
- **île**, isla, n. f.
- **image**, imagen, n. f.
- **incroyable**, increíble, adj.
- **(s')informer**, enterar (se), v.
- **intelligent(e)**, inteligente, adj.
- **inventer**, inventar, v.
- **isoler**, aislar, v.
- **itinéraire**, ruta, n. f.

J

- **jaloux**, **jalouse**, celoso(a), adj.
- **jamais**, nunca, adv.
- **jambon**, jamón, n. m.
- **janvier**, enero, n. m.
- **jaune**, amarillo(a), adj.
- **jeans**, vaqueros, n. m. pl.
- **jeter**, tirar, v.
- **jeu**, juego, n. m. / **jeu de cartes**, baraja, n. f.
- **jeune**, joven, adj.
- **jeune garçon**, **fille**, muchacho(a), n. m. et f.
- **jeunesse**, juventud, n. f.
- **joie**, alegría, n. f.
- **joli(e)**, bonito(a), adj.
- **jouer**, jugar (ue), v. / **jouer (au cinéma ou au théâtre)**, actuar, v. / **jouer (d'un instrument)**, tocar, v.
- **jouet**, juguete, n. m.
- **jour**, día, n. m.
- **journal**, periódico, n. m.
- **journal télévisé**, telediario, n. m.
- **journée de travail**, jornada laboral, n. f.
- **juillet**, julio, n. m.
- **juin**, junio, n. m.
- **jungle**, selva, n. f.
- **jupe**, falda, n. f.
- **jusqu'à**, hasta, prép.

L

- **lâcher**, soltar (ue), v.
- **laisser**, dejar, v.
- **lait**, leche, n. f.
- **laitue**, lechuga, n. f.
- **langue**, idioma, n. m.
- **large**, ancho(a), adj.
- **légende**, leyenda, n. f.
- **légume**, verdura, n. f.
- **légume sec**, legumbre, n. f.
- **lentille de contact**, lentilla, n. f.
- **lever**, levantar, v.
- **lèvre**, labio, n. m.
- **liberté**, libertad, n. f.
- **lieu**, lugar, n. m.
- **lire**, leer, v. irrég.
- **lit**, cama, n. f.
- **livre**, libro, n. m.
- **livrer**, entregar, v.
- **logement**, vivienda, n. f.
- **loin**, lejos, adv.
- **long**, **longue**, largo(a), adj.
- **louer**, alquilar, v.
- **loup**, lobo, n. m.
- **lumière**, luz, n. f.
- **lune**, luna, n. f.

M

- **machine à laver**, lavadora, n. f.
- **madame**, señora, n. f.
- **magasin**, tienda, n. f.
- **main**, mano, n. f.
- **maintenant**, ahora, adv.
- **mais**, pero, conj.
- **maison**, casa, n. f.
- **maître**, **maîtresse**, maestro(a), n. m. et f. / amo(a), n. m. et f. (pour un animal)
- **maladie**, enfermedad, n. f.
- **mâle**, macho, n. m. et adj.
- **manche**, manga, n. f.
- **manger**, comer, v.
- **manquer**, faltar, v.
- **marchander**, regatear, v.
- **marché**, mercado, n. m.
- **Marché aux Puces de Madrid**, el Rastro, n. m.
- **marcher**, caminar, v.
- **mari**, marido, n. m.
- **mariage**, casamiento, n. m. / boda, n. f. (cérémonie)
- **marier (se)**, casarse, v.
- **marionnette**, títere, n. m.
- **marocain(e)**, marroquí, adj.
- **mars**, marzo, n. m.
- **matière scolaire**, asignatura, n. f.
- **matin**, mañana, n. f.
- **méchant(e)**, malo(a), adj.
- **meilleur(e)**, mejor, adj.
- **mélanger**, mezclar, v.
- **mensonge**, mentira, n. f.
- **mer**, mar, n. m.
- **mère**, madre, n. f.
- **merveille**, maravilla, n. f.
- **métier**, oficio, n. m.
- **mettre**, poner, v. irrég.
- **midi**, mediodía, n. m.
- **miroir**, espejo, n. m.
- **moins**, menos, adv.
- **mois**, mes, n. m.
- **monnaie**, moneda, n. f.
- **monsieur**, señor, n. m.
- **monter**, subir, v.
- **montre**, reloj, n. m.
- **montrer**, enseñar, v.
- **morale**, moraleja, n. f. (d'une fable)
- **morceau**, trozo, n. m.
- **mordre**, morder (ue), v.
- **mort**, muerte, n. f.
- **mot**, palabra, n. f.
- **mouiller**, mojar, v.
- **moutarde**, mostaza, n. f.
- **mouvement**, movimiento, n. m.
- **musée**, museo, n. m.

N

- **nature**, naturaleza, n. f.
- **neige**, nieve, n. f.
- **neiger**, nevar (ie), v.
- **nerveux**, **nerveuse**, nervioso(a), adj.
- **neuf**, **neuve**, nuevo(a), adj.
- **nez**, nariz, n. f.
- **Noël**, Navidad, n. f.
- **noir(e)**, negro(a), adj.
- **noisette**, avellana, n. f.
- **noix**, nuez, n. f.
- **nom de famille**, apellido, n. m.
- **nombreux**, **nombreuse**, numeroso(a), adj.
- **nouvelle**, noticia, n. f.
- **noyer**, ahogar, v.
- **nuit**, noche, n. f.
- **nuit de Noël**, Nochebuena, n. f.
- **nuit du 31 décembre**, Nochevieja, n. f.

O

- **obéir**, obedecer, v. irrég.
- **œil**, ojo, n. m.

- **œuf**, huevo, n. m.
- **œuvre**, obra, n. f.
- **offre**, oferta, n. f.
- **offrir**, ofrecer, v. irrég.
- **oiseau**, pájaro, n. m.
- **ombre**, sombra, n. f.
- **oncle**, tío, n. m.
- **orange**, naranja, n. f.
- **ordinateur**, ordenador, n. m.
- **ordre**, orden, n. m. (contraire de désordre) / n. f. (celui que l'on reçoit)
- **ordure**, basura, n. f.
- **oreille**, oreja, n. f.
- **origine**, origen, n. m.
- **où**, donde, adv. / dónde, adv. interrogatif
- **ouïe**, oído, n. m.
- **ouvrir**, abrir, v. irrég.

P

- **pain**, pan, n. m.
- **palette**, paleta, n. f.
- **panier**, cesta, n. f.
- **pantoufle**, zapatilla, n. f.
- **papier**, papel, n. m.
- **paraître**, parecer, v. irrég.
- **parapluie**, paraguas, n. m.
- **parce que**, porque, conj.
- **parents (père + mère)**, padres, n. m. pl.
- **parler**, hablar, v.
- **pas**, paso, n. m.
- **pays**, país, n. m.
- **peau**, piel, n. f.
- **pêche**, pesca, n. f. (poisson)
- **peintre**, pintor(a), n. m. et f.
- **pendant**, mientras, conj.
- **penser**, pensar (ie), v.
- **père**, padre, n. m.
- **perroquet**, papagayo, n. m.
- **persil**, perejil, n. m.
- **personne**, nadie, pr. indéfini
- **petit(e)**, pequeño(a), adj. / bajo(a), adj. (taille) / **plus petit**, menor
- **petit déjeuner**, desayuno, n. m.
- **petit-fils**, **petite-fille**, nieto(a), n. m. et f.
- **peu**, poco(s), poca(s), adv. et adj.
- **peuple**, pueblo, n. m.
- **peur**, miedo, n. m.
- **peut-être**, quizás, tal vez, adv.
- **pied**, pie, n. m. / **pieds nus**, descalzo(s), descalza(s), adj.
- **pierre**, piedra, n. f.
- **piment**, chile, n. m.
- **pire**, peor, adj.
- **plage**, playa, n. f.
- **plaire**, gustar, v.
- **plaisanterie**, broma, n. f.
- **plat**, plato, n. m. / **plat de résistance**, segundo plato, n. m.
- **pleurer**, llorar, v.
- **pleuvoir**, llover (ue), v.
- **plier**, doblar, v.
- **plongée**, buceo, n. m.
- **pluie**, lluvia, n. f.
- **plus**, más, adv. / **plus grand(e)**, mayor, adj. / **plus petit(e)**, menor, adj.
- **poche**, bolsillo, n. m.
- **poire**, pera, n. f.
- **poisson**, pescado, n. m.
- **poivre**, pimienta, n. f.
- **pomme**, manzana, n. f.
- **porte**, puerta, n. f.
- **porter**, llevar, v.
- **portrait**, retrato, n. m.
- **poser une question**, preguntar, v.
- **Poste (La)**, Correos, n. m.
- **poulet**, pollo, n. m.
- **pour**, para, prép.
- **pourquoi**, por qué, adv.
- **préférer**, preferir (ie), v. irrég.
- **premier**, **première**, primero(a), adj.
- **prendre**, tomar, coger, v.
- **prendre son petit déjeuner**, desayunar, v.
- **prénom**, nombre, n. m.
- **près (de)**, cerca (de), adv. et prép.
- **presse**, prensa, n. f.
- **pressé (être)**, tener prisa, v.
- **preuve**, prueba, n. f.
- **prince**, príncipe, n. m.
- **princesse**, princesa, n. f.
- **printemps**, primavera, n. f.
- **prix**, precio (valeur), n. m. / premio, n. m. (récompense)
- **problème**, problema, n. m.
- **prochain(e)**, próximo(a), adj.
- **produit**, producto, n. m.
- **progrès**, progreso, n. m.
- **promener**, pasear, v.
- **promettre**, prometer, v.
- **propre**, limpio(a), adj. / pulcro(a), adj.
- **prune**, ciruela, n. f.
- **punir**, castigar, v.

Q

- **quand**, cuando, adv. / cuándo, adv. interrogatif
- **quartier**, barrio, n. m.
- **quelqu'un**, alguien, pr. indéfini
- **quelque chose**, algo, pr. indéfini
- **qui**, quien, que, pr. relatif / quién(es), pr. interrogatif
- **quotidien**, diario, n. m.

R

- **rafraîchissement**, refresco, n. m.
- **raisin**, uva, n. f.
- **rappeler**, recordar (ue), v.
- **ravissant(e)**, precioso(a), adj.
- **réagir**, reaccionar, v.
- **rebelle**, rebelde, n. m. et f. et adj.
- **recaler**, suspender, v.
- **recevoir**, recibir, v.
- **récit**, relato, n. m.
- **recommencer à**, volver (ue) a, v.
- **rédiger**, redactar, v.
- **réfrigérateur**, nevera, n. f.
- **regarder**, mirar, v.
- **régime**, dieta, n. f.
- **rejeton**, retoño, n. m.
- **remercier**, dar las gracias
- **remplir**, llenar, v.
- **rendez-vous**, cita, n. f.
- **rendre (se) compte que**, darse cuenta de que
- **renier**, renegar (ie), v.
- **repas**, comida, n. f.
- **repasser**, planchar, v.
- **répondre**, contestar, v.
- **réponse**, respuesta, n. f.
- **représentation**, función, n. f. (séance)
- **respecter**, respetar, v.
- **resquiller**, colarse (ue), v.
- **ressembler**, parecer, v. irrég.
- **rester**, quedar, v.
- **résulter**, resultar, v.
- **retable**, retablo, n. m.
- **réveiller**, despertar (ie), v.
- **revenir**, volver (ue), v.
- **rêver**, soñar (ue), v.
- **richesse**, riqueza, n. f.
- **rien**, nada, pr. indéfini
- **rigolade**, cachondeo, n. m.
- **riz**, arroz, n. m.
- **robe**, vestido, n. m.
- **roi**, rey, n. m.
- **Rois Mages**, Reyes Magos, n. m. pl.
- **rôle**, papel, n. m.
- **roman**, novela, n. f.
- **rouge**, rojo(a), adj.
- **route**, carretera, n. f.
- **roux**, **rousse**, pelirrojo(a), adj.
- **rue**, calle, n. f.
- **rusé(e)**, astuto(a), adj.
- **russe**, ruso(a), adj.

S

- **sable**, arena, n. f.
- **sac**, bolsa, n. f. (en plastique) / bolso, n. m. (sac à main)
- **saison**, estación, n. f.
- **sale**, sucio(a), adj.
- **salle à manger**, comedor, n. m.
- **salle de bains**, cuarto de baño, n. m.
- **salle de cours**, aula (el), n. f.
- **sandwich**, bocadillo, n. m.
- **sang**, sangre, n. f.
- **sans**, sin, prép.
- **santé**, salud, n. f.
- **sapin**, abeto, n. m.
- **satisfait(e)**, satisfecho(a), adj.
- **sauce**, salsa, n. f.
- **saucisse**, salchicha, n. f.
- **sauvage**, salvaje, adj.
- **sauver**, rescatar, v.
- **savoir**, saber, v. irrég.
- **scarabée**, escarabajo, n. m.
- **second(e)**, segundo(a), adj.
- **secours**, socorro, n. m.
- **sel**, sal, n. f.
- **selon**, según, prép.
- **semaine**, semana, n. f.
- **sensé(e)**, sensato(a), adj.
- **servir**, servir, v. irrég.
- **seulement**, sólo, adv.

- **siècle**, siglo, n. m.
- **sifflement**, silbido, n. m.
- **siffler**, silbar, v.
- **signaler**, señalar, v.
- **silhouette**, figura, n. f.
- **skier**, esquiar, v.
- **sœur**, hermana, n. f.
- **soigner**, cuidar, v.
- **sol**, suelo, n. m.
- **soleil**, sol, n. m.
- **solidarité**, solidaridad, n. f.
- **solitude**, soledad, n. f.
- **sombre**, oscuro(a), adj.
- **sorcier, sorcière**, brujo(a), n. m. et f.
- **sortir**, salir, v. irrég.
- **souffler**, soplar, v.
- **soupe**, sopa, n. f.
- **soupirer**, suspirar, v.
- **souris**, ratón, n. m.
- **sous**, debajo de, prép.
- **spectacle**, espectáculo, n. m.
- **sport**, deporte, n. m.
- **sportif, sportive**, deportista, n. m. et f.
- **steack**, filete, n. m.
- **stylo à bille**, bolígrafo, n. m.
- **sucre**, azúcar, n. m.
- **suivant(e)**, siguiente, adj.
- **suivre**, seguir, v. irrég.
- **supermarché**, supermercado, n. m.
- **supposer**, suponer, v. irrég.
- **surnom**, mote, n. m.
- **surprenant(e)**, sorprendente, adj.

T

- **table**, mesa, n. f.
- **tableau**, pizarra, n. f. (en classe) / cuadro, n. m. (peinture)
- **taille**, tamaño, n. f.
- **taire**, callar, v.
- **tante**, tía, n. f.
- **tard**, tarde, adv.
- **temps**, tiempo, n. m.
- **temps en temps (de)**, de vez en cuando
- **tendresse**, ternura, n. f.
- **terminer**, acabar, v.
- **terre**, tierra, n. f.
- **tête**, cabeza, n. f.
- **tirage (au sort)**, sorteo, n. m.
- **titre**, título, n. m.
- **toit**, techo, n. m.
- **tortue**, tortuga, n. f.
- **touche**, tecla, n. f.
- **toujours**, siempre, adv.
- **tourner**, doblar, v. / **tourner (un film)**, rodar (ue), v.
- **tout(e)**, todo(a), adj. et pr.
- **trajet**, trayecto, n. m.
- **tranche**, loncha, n. f. / rodaja, n. f.
- **travail**, trabajo, n. m.
- **travailler**, trabajar, v.
- **trembler**, temblar (ie), v.
- **très**, muy, adv.
- **tresse**, trenza, n. f.
- **tricher**, hacer trampa, v.
- **triomphe**, triunfo, n. m.
- **tristesse**, tristeza, n. f.
- **(se) tromper**, equivocarse, v.
- **trop (de)**, demasiado(a), adv. et adj.
- **trouver**, encontrar (ue), v.

U

- **utiliser**, usar, v.

V

- **vacances**, vacaciones, n. f. pl.
- **vache**, vaca, n. f.
- **valeur**, valor, n. m.
- **vendre**, vender, v.
- **vente**, venta, n. f.
- **vérité**, verdad, n. f.
- **verre**, vidrio, n. m.
- **vers**, hacia, prép.
- **vert(e)**, verde, adj.
- **vêtement**, vestido, n. m.
- **viande**, carne, n. f.
- **vie**, vida, n. f.
- **vieillesse**, vejez, n. f.
- **vignette**, viñeta, n. f.
- **village**, pueblo, n. m.
- **ville**, ciudad, n. f.
- **visage**, rostro, n. m.
- **vitesse**, velocidad, n. f.
- **vitrine**, escaparate, n. m.
- **vivre**, vivir, v.
- **voie**, vía, n. f.
- **voir**, ver, v. irrég.
- **voisin(e)**, vecino(a), n. et adj.
- **voiture**, coche, n. m.
- **voix**, voz, n. f.
- **voleur, voleuse**, ladrón, ladrona, n. m. et f.
- **vouloir**, querer (ie), v. irrég.
- **voyage**, viaje, n. m.
- **voyager**, viajar, v.
- **vue**, vista, n. f.

W

- **week-end**, fin de semana, n. m.

Agradecimientos

A Esperanza Rodríguez (Telefónica), Elena Badenes (Fernando Colomo, P.C.), Carmelo Bustos (La Casera), Alicia Rebolledo y Daniel Espín (Antena3 T.V.), Ina Wantulla (Granini), Nuria Izquierdo (Panamá Jack), Ángeles Cano (Mantequilla Arias), Luis Trujillo (RENFE), Juanjo Moreno (Revista Anuncios), Mercedes Ruiz (librosalacalle.com), Antonio Alférez (SGAE), Librería Picasso, Isaac Vega (Adena), Rocío Gayarre (Ruta Quetzal), Sophie Castell (Tulipán), Ediciones Lóguez, Montse Martínez García (Bayer), Cristina Loring (Párker), Sonia Vázquez (ASIMELEC, Tragamóvil), Emilio Lucas (Plataforma Publicidad), Juanjo Moreno (Comité de los Juegos del Mediterráneo 2005), Isabel Ausejo, José Vidal, Chipo Martínez, Mercedes Hernández, Emilia Pardo, Pedro Córdoba y Mélanie Bordas.

Compogravure : STDI - Lassay-les-Châteaux
CTP
Achevé d'imprimer par Imprimerie CLERC S.A. - Saint-Amand-Montrond
N° d'imprimeur : 8095
Imprimé en France
Éditions Delagrave - N° d'édition : 8716 - N01 - Mai 2003

Relieve de América latina